JN309274

しごとの日本語

JAPANESE FOR BUSINESS

ビジネスマナー編

釜渕優子

アルク
www.alc.co.jp

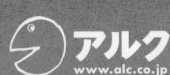

はじめに
Preface
序言

　皆さんは、日本や日系企業で仕事をしている中で、不思議に感じたり、疑問に思うことはありませんか？　もしくは、今から、日本や日系企業で働くので不安がいっぱい！　という人もいるでしょう。本書は、そんな皆さんのために、日本の一般的なマナーや日本人が習慣的に行っているビジネスマナーを紹介しているテキストです。

　本書では、日本語があまり得意でない学習者でも、日本式ビジネスマナーの知識が楽しく身に付けられるよう、多くのイラストや英語・中国語の翻訳とともに紹介しています。

　Unit 1～10 では、日本や日本人と働く上での一般常識を、Unit 11～20 では、日本で重視されるビジネスマナーを主に学習します。

　本書は、日本式ビジネスマナーを皆さんに押し付けるものではありません。皆さんが日本のマナーを知らないことで、誰にも聞けずに緊張したり、知らないうちに損をしたり、日本人からの印象が悪くなったり、そんなことが起こらないよう、本書の内容を知識として知っておいていただきたいのです。その上で、皆さんそれぞれが選んだスタイルで、日本や日系企業で楽しく働いていっていただければ幸いです。

　最後に、本書の執筆に当たり多大なご協力を頂いた奥村真希さん、内容について貴重なアドバイスを頂いた王 志強さんに、心からお礼申し上げます。

　Do you ever notice anything odd or wonder what's going on at the Japanese- or Japanese-affiliated company where you work? Or perhaps you will be working in Japan or at a Japanese affiliate in the near future and are filled with anxiety. If so, this text is for you.　It explains Japanese social protocol and business etiquette customarily practiced by Japanese.

　This book will make the acquisition of knowledge about Japanese business etiquette enjoyable even if you don't know much Japanese.　The text contains many illustrations and has been translated into English and Chinese.

　In Units 1-10, you will study conventional social protocol; in Units 11-20, you will mainly learn business etiquette that is considered indispensable in Japan.

　It is not my intention to force you to adopt Japanese business etiquette with this book. Instead, I provide you with the knowledge that will enable you to do well even if you feel tense because there is no one for you to ask about protocol with which you are unfamiliar.　My book will prevent you from being at a disadvantage or from being thought of badly by Japanese.　I hope you will be able to maximize the information in this text to help you enjoy working at Japanese- and Japanese-affiliated companies while keeping your own style.

　Lastly, I would like to thank Okumura Maki, who helped me greatly in writing this book.　I would also like to express my sincere appreciation to Eric Wang for invaluable advice on the content.

　大家在日本或在日本企业工作，对什么事情感到不可思议，对什么事情还有疑问呢？也许一些外国友人对今后继续在日本和日本企业工作缺乏信心，内心深处还有种种不安。为了给大家提供力所能及的帮助，我们特意编写了本书。书的结构采用教科书形式，重点向大家介绍了日本社会最基本的礼节、习惯以及日本人极力讴歌的社会规范。

　为了便于尚未完全掌握日语的读者学习有关日本企业行业行规的各种知识，本书特采用图文并茂的形式进行编排　除配有直观的插图，还提供英语、汉语参考译文。

　Unit 1～10介绍有关日本社会及日本人工作方面的一般常识。Unit11～20重点介绍日本企业特有的行业规范。

　编写本书的意图并非要强制读者接受日本人的工作观念。我们的目的很明确，即全力向读者介绍有关日本企业行业行规的基本知识，使读者能够在工作实践中解决一些实际问题。如果不了解这些行业行规，工作中遇到困难往往不知如何应对，一味紧张，莽撞行事，还会在日本同事中造成不好影响。为此我们衷心希望读者通过阅读本书，为自己也为他人创造一个良好的工作环境，从而健康愉快地在日本和日本企业勤勉工作。

　本书在编写过程中得到了奥村真希女士的鼓励和帮助，在内容编排上采纳了王志强先生所提供的宝贵建议，在此一并表示诚挚的谢忱。

2008年10月1日

釜渕優子

本書の使い方

① **Unit**
Unit ごとに学習していきます。全部で 20Unit ありますが、モジュール形式なので勉強したい Unit から始められます。

④ **イラスト**
イラストの下には、それに関する説明文があります。

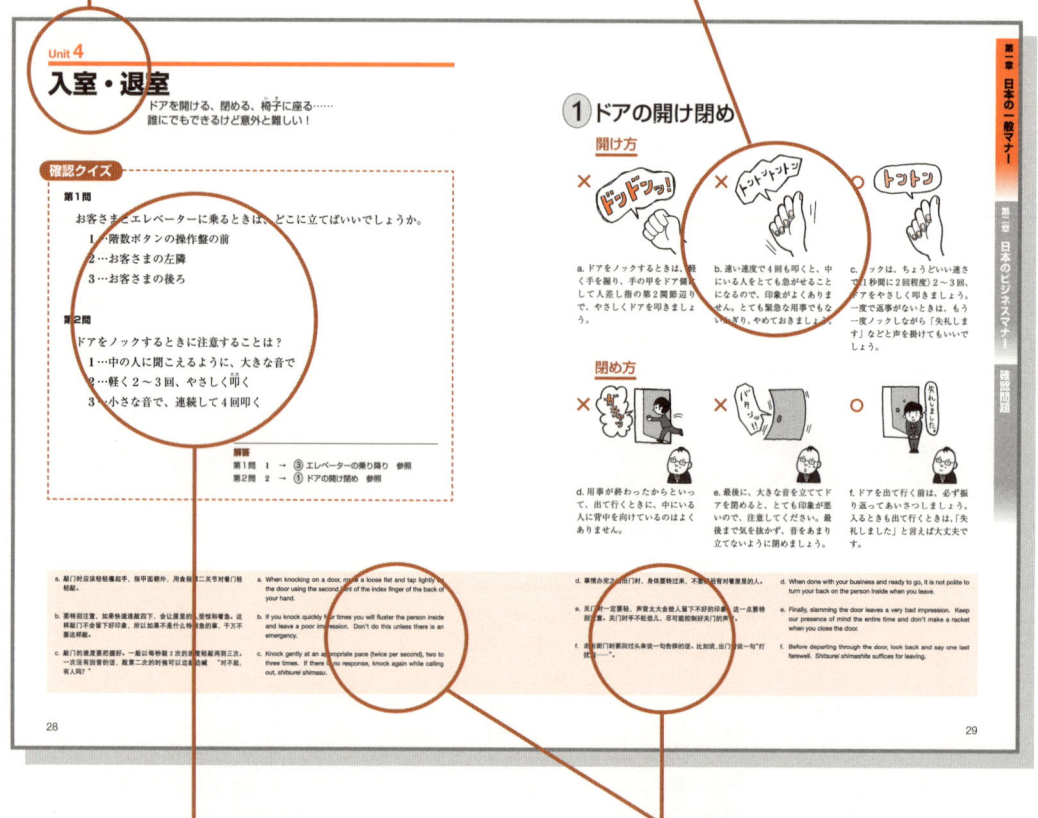

② **確認クイズ**
各 Unit の内容に関するクイズが 2 題、出されます。解説はそれぞれの章を参考にしてください。

③ **翻訳**
各ページの下部分に、英語・中国語の翻訳があります。本文内の説明文などを翻訳しています。

⑤ ストーリーマンガ
ストーリーのある漫画仕立てで、マナーを紹介しています。

⑥ ポイント
ストーリーマンガの中に出てきたマナーのポイントや注意点を、解説しています。

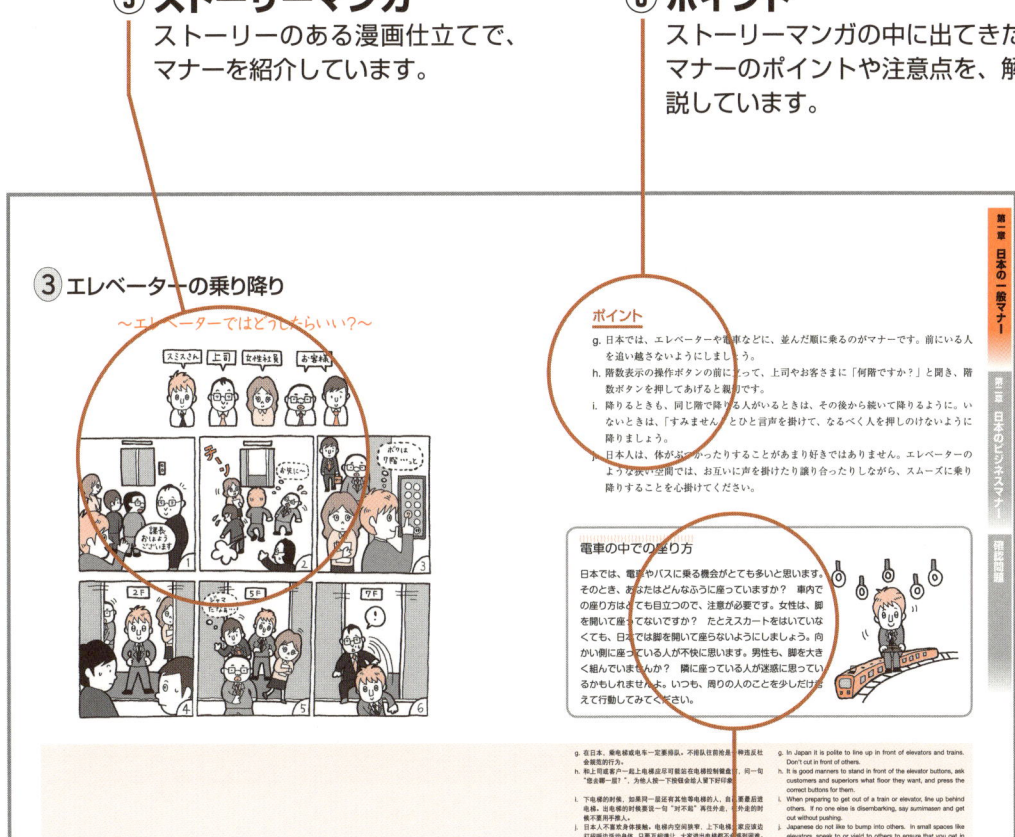

⑦ コラム
日本のマナーについての豆知識です。

目次

はじめに……………………………………3
本書の使い方………………………………4
目次…………………………………………6

第1章 日本の一般マナー……………9

- Unit 1　あいさつの基本……………………………10
- Unit 2　身だしなみ（1）…………………………16
- Unit 3　身だしなみ（2）…………………………22
- Unit 4　入室・退室…………………………………28
- Unit 5　話し方………………………………………34
- Unit 6　敬語の使い方………………………………40
- Unit 7　整理整頓……………………………………46
- Unit 8　携帯電話のマナー…………………………52
- Unit 9　社会人として、してはいけないこと……58
- Unit 10　社会人らしい行動と言葉遣い……………64

第2章 日本のビジネスマナー ……… 71

- **Unit 11** 名刺 …………………………………………… 72
- **Unit 12** 接客・訪問 ……………………………………… 78
- **Unit 13** 接待・会食 ……………………………………… 84
- **Unit 14** 席次 ……………………………………………… 90
- **Unit 15** 電話応対 ………………………………………… 96
- **Unit 16** ビジネスEメール …………………………… 102
- **Unit 17** 指示を受ける ………………………………… 108
- **Unit 18** 報告・連絡・相談 ……………………………… 114
- **Unit 19** 社内でのコミュニケーション ……………… 120
- **Unit 20** 日本人の仕事観 ……………………………… 126

ビジネスマナー〇×確認問題100 ……………… 132

第一章

日本の一般マナー

Unit 1
あいさつの基本

日本のあいさつには慣れましたか？
ちゃんとできているか、チェックしてみましょう！

確認クイズ

第1問

廊下で社長と会った時は、敬意を表してどれくらいの角度のおじぎをすればいい？

　　1…15度
　　2…30度
　　3…45度

第2問

同僚より先に帰りたいときは、どうすればいい？

　　1…仕事の邪魔にならないように、あいさつせずに静かに帰る
　　2…小さな声であいさつだけして、そっと帰る
　　3…同僚の仕事を手伝ってあげて、一緒に帰る

解答
第1問　2　→　② おじぎ　参照
第2問　2　→　③ 出社・退社のときのあいさつ　参照

① あいさつのときの表情

a. 日本人はあいさつをとても重視しています。日本語がまだ上手ではなくても、にっこり笑って相手を見てあいさつすれば、第一印象はOKです。

b. 笑顔は大切ですが、笑い方には注意しましょう。ニヤニヤしたり、ヘラヘラしたりしないように。何かほかに意味があると思われるかもしれないし、礼儀正しくない印象を与えます。

c. 微笑みながらあいさつするのはいいことですが、あいさつする相手の顔を見るか、顔をちゃんと上げましょう。暗い印象を与えないようにしましょう。

「あいさつの声について」

あいさつは簡単なようですが、声の大きさや高さがとても重要です。例えば、皆さんが元気よくあいさつしたつもりでも、あまり大きな声であいさつしたら、びっくりする日本人もいるかもしれません。でも、とても小さな声もよくありません。いつもの自分が話す声より少しだけ大きく、少しだけ高いトーンであいさつしてみてください。きっと素敵なあいさつになるでしょう。もちろん、笑顔も忘れずに！

a. 日本人非常重视生活中的寒暄礼节。即使日语不好，初次见到对方微笑示意也会给对方留下好印象。

b. 想在他人面前树立一个彬彬有礼的形象，一张笑脸固然重要，但必须把握好微笑时的面部表情。笑容要自然，不要嬉皮笑脸、嘿嘿傻笑。

c. 微笑示意非常值得赞许。微笑示意时头要抬起来看着对方的脸，不要给人留下灰溜溜的印象。

a. Japanese attach great importance to greetings. Even if you are not yet good at Japanese, you can still make a good first impression by smiling at the listener and proffering a greeting.

b. Smiling is important but be careful how you do so. Don't smirk or laugh flippantly. You will give the impression that you have a hidden agenda or are not civil.

c. It's fine to smile as you say your greetings, but make sure to either look at your listener's face or lift your own as you speak. Try not to give off an impression of gloominess.

② おじぎ

おじぎの種類と角度

日本式のあいさつとおじぎはセットです。場面に合ったおじぎをマスターしましょう。おじぎには、男女の違いや、場面ごとの角度の違いがあります。

〈男女の違い〉

d. 男性のおじぎは、手を足の外側につけましょう。指先も軽く揃えると美しいです。ただし、場合によっては女性と同じ形でのおじぎをする場合もあります。例）デパートの店員など

e. 女性のおじぎでは、手はお腹の前に持ってきて軽く両手を重ねましょう。一般的には普通に手を伸ばした位置（お腹の下のほう）で重ねます。

d. 男士鞠躬时两手要放在两腿外侧，指尖略为并拢形象会更好。在某些特殊场合，男性有时也会用和女性同样的姿势鞠躬。

e. 女性鞠躬时，两手应轻轻搭在一起放于小腹之前。大多情况下，女性鞠躬时都会下意识地将两手落在一起轻轻伸向腹部。

f. 上下班时和同事打招呼或碰到熟人简单示礼时女性大都采用这种姿势。在这种场合，边走边行礼的现象也很常见。

d. Men should place their hands on the outside of their thighs when bowing. It looks best to keep the fingers together loosely. Sometimes men bow the same way as do women. Ex.: department store clerks.

e. Women should slightly cross their hands in front of their abdomens when bowing. The hands should be placed where they would normally fall (lower abdomen area).

f. This bow is used when coming to work, leaving, or passing by someone you know. You can even use it when walking.

〈おじぎの角度〉

① 15度（会釈）　　② 30度（普通のおじぎ）　　③ 45度（敬礼）

f. 出社・退社のあいさつや、知っている人とすれ違うときなどにするおじぎです。歩いたままでも構いません。

g. お客さまや上司などに対して敬意を表すときのおじぎです。歩きながらしないように。

h. お礼やお詫びをするときのおじぎです。必ず立ち止まって、相手の正面でしてください。

ポイント

i. あいさつの言葉を言ってから（または言いながら）おじぎをします。例）「おはようございます」なら「おはよう」までは相手の顔を見ていて、「ございます」のところで頭を下げるようなイメージです。

j. おじぎを終える（体を起こす）タイミングは、会釈は、軽くうなずくような感じで、普通のおじぎは、あいさつの言葉が終わったらすぐ顔を上げます。敬礼は少し長めで全体で2秒ほど。顔を上げる時はゆっくりと。速くすると気持ちがこもってないように思われるかもしれないので、注意しましょう。

---

g. 这是见到客户和上司时表示敬意的鞠躬姿势，这种场合万不可一边走一边行礼。

h. 这是郑重场合和做错事情向对方赔礼时的鞠躬姿势。这种场合行鞠躬礼时一定要立正站稳之后在对方的正前方行礼。

i. 先问候或在问候的同时行鞠躬礼。譬如，说「おはようございます」这句话时，说到「おはよう」这前半句话时要看着对方的脸，说到「ございます」这后半句话时要低下头。

j. 完成"鞠躬礼（直起腰）"的时间差的把握如同人和人见面点头示意。一般来讲，鞠躬这个动作的完成总是随着问候之后抬起头这样一个过程的完成而结束。行鞠躬礼的时间略长，约为2秒。抬头这个动作应尽可能慢，动作太快往往会给人带来缺少诚意的印象。应特别注意。

g. This bow is used to express respect to customers and work superiors. Do not use it when walking.

h. This bow is used when expressing gratitude or apologizing. Always stand directly in front of the listener.

i. Bow after or when saying your greeting. Ex.: Look at your listener while saying *ohayo*, but bow when saying *gozaimasu*.

j. End your bow with a slight nod, raising your face up when you have finished your greeting. The bow should be longish at about two seconds. Raise your head slowly. A quick movement implies you are not sincere.

③ 出社・退社のときのあいさつ

〜退社のときにやってはいけないこと〜

出社時の注意点

k. 仕事開始時間の15分前には席に着いているようにしましょう。
l. 仕事開始までに、パソコンの電源を入れたりして準備しておきます。
m. 朝ごはんは、会社のデスクで食べないようにしましょう。どうしても仕方のない場合は、パンなど、匂いがないものにしてください。

退社時の注意点

n. 就業時間前から帰る準備をしないこと。
o. もしあなたの仕事が終わっていても、ほかの人が忙しそうにしていたら、帰る前に「何かお手伝いしましょうか？」と、ひと言声を掛けると印象がいいでしょう。
p. 同僚より先に帰るときは、静かに「お先に失礼します」とあいさつしてから帰りましょう。声が大き過ぎるのもよくないし、あいさつしないで帰るのもよくありません。

日本の会社は先に帰りにくい？

昔の日本の会社では、自分の仕事が終わっても、上司や同僚がまだ仕事をしていたら、先に帰りにくい雰囲気があったと思います。もしかしたら、今もそういう所があるかもしれません。でも、よりよく働くためには休息が必要です。ですから、自分の仕事が先に終わったら、周りの人が嫌な思いをしないようにすれば、帰ってしまっても構いません。

---

k. 工作开始前15分钟应在自己办公桌前的椅子上就座。
l. 工作开始前还应做好连接电脑电源等准备工作。
m. 应尽可能不在办公桌上用早餐，不得不在办公桌上用餐应尽可能食用面包等没有刺人气味的食品。
n. 工作时间不做下班前的准备工作。
o. 下班前自己手里的工作结束后，如果同事还很忙，能问一句"需要帮忙吗？"，肯定会给周围同事留下好印象。
p. 下班时比其他人走得早，要轻轻说一句"我先走了"之后再离开。声音不宜太大，但什么都不说就走人也不好。

k. Make sure to be seated fifteen minutes before work starts.
l. Turn on your computer and get ready before work starts.
m. Don't eat breakfast at your desk. If you absolutely have to eat at the office, choose bread or some other food that doesn't have an odor.
n. Don't get ready to leave before quitting time.
o. If you have finished working by quitting time but someone else still seems busy, it will leave a good impression if you offer to help.
p. When leaving the office before your colleagues, quietly say, *osaki ni shitsurei shimasu*. It is rude to speak too loudly or not to say anything at all before leaving.

Unit 2

身だしなみ (1)

最初の3秒で自分の印象を決めてしまう身だしなみ。
毎日のことだからこそ大切に！

確認クイズ

第1問

男性が仕事に行くときに、ふさわしいバッグは？
1…セカンドバック
2…ビジネスバッグ
3…何も持たない

第2問

カジュアルデーで女性が着ないほうがいいのは、どんな服？
1…ブラウス
2…ポロシャツ
3…キャミソール

解答
第1問 2 → ① 身だしなみについて 参照
第2問 3 → ② カジュアルデーについて 参照

① 身だしなみについて
どこがダメか考えてみよう!

a. この二人の服装のどこがダメだと思いますか？　考えてみてください。

a. 你看他们俩穿的衣服有什么问题吗? 你能考虑一下这个问题吗?

a. Can you tell what is wrong with the clothing of these two people?

ここがダメだった!

男性:
① 上着を着ていない
仕事に行くときは、カジュアルデー以外はなるべく上着を着ていくようにしましょう。着ていかなくても、会社に上着を置いておいたりして、お客さまに会う時などには必ず着るようにしてください。

② ワイシャツ(濃い色)のボタンをとめていない
スーツに合わせるシャツの色は、白や薄い青、黄色、ピンクなどの薄い色や、白地に細いストライプ柄などが、誰からもいい印象を持たれます。前のボタンは、カジュアルデーでも一つ以上開けないほうがいいでしょう。

③ セカンドバックを小脇に抱えている
日本で仕事に行くときは、セカンドバックではなく書類が入るサイズのビジネスバッグを持ちましょう。セカンドバッグだと、きちんと仕事をする気があるのかと思われてしまいます。

④ 金ぴかの腕時計
お客さまや会社の人の視線があなたの腕にばかりに行くような、豪華で派手な腕時計は、仕事場にはふさわしくありません。黒や茶色の皮ベルトや普通の銀色のものなど、目立たないものがベストです。

⑤ ネクタイをしていない
最近は、カジュアルデーやクールビズなど、会社によってはネクタイをしなくていい日というのもありますが、それ以外では必ず、ネクタイをして会社に行くようにしてください。自分だけ勝手にネクタイを外すというのは、よくありません。

⑥ 靴を磨いていない
お客さまや会社の仲間は、意外とあなたの靴を見ています。毎日、靴を磨くようにしてください。
靴は紐がついてるタイプのものがいいでしょう。
日本では時々、靴を脱ぐ機会もありますから、靴下も見られていいように清潔にしてください。

男性
① 忘了穿西服上衣
除轻装上班日外，上班要穿西服上衣。应在公司备好西服上衣，在会客时一定要穿好西服上衣。
② 衬衫纽扣没系好
穿在西式工作制服里面的衬衫，以白、淡蓝、黄、粉等淡色调或白底细纹式样居多。这样的颜色和款式也比较受人欢迎。衬衫前的纽扣最多打开一个，轻装上班日也不应例外。
③ 手夹包夹在腋下
在日本工作，上班时应使用能装文件的文件包，而不是备用手夹包。使用手夹包会让人们怀疑你的工作态度。
④ 金光闪闪的手表
金光闪闪的高级手表很容易吸引客户或公司同事们的注意。上班时间最好佩戴茶色表带的手表或普通银色表带的手表。上班时间不应该佩戴金光闪闪的豪华手表。
⑤ 没有系领带
近来一些公司新创设了轻装日、冷装日等不系领带上班的轻装工作日。我想，公司这样做一定有它自身的道理。尽管如此，在这些公司规定的活动日之外上班时还是应该

① Not wearing a jacket.
Except for "casual day," wear a jacket when going to work or have one on hand at the office. Always wear a jacket when visiting customers.
② Shirt (dark color) is unbuttoned.
Shirts worn to match suits should be white, light blue, yellow, pink, or some other light shade. A fine striped pattern on a white background always leaves a good impression. Best not to leave more than one shirt-front button undone even on casual day.
③ Carrying man's handbag under arm.
In Japan men should use briefcases when going to work, and not handbags. Handbags give the impression you are not serious about working.
④ Gaudy watch.
Elaborate, flashy watches that distract customers and colleagues are not appropriate at the workplace. Best choices are inconspicuous watches with silver or black, or brown leather bands.
⑤ Not wearing a tie.
Now ties are not required on casual days or for cool biz at some companies. Wear a tie in all other cases when going to work. It's not good to take off your tie any

女性：
⑦ ジーンズをはいている
周りの女性社員もジーンズをはいて出勤しているという場合以外は、職場にジーンズをはいていくのはやめましょう。

⑧ サンダル履き
サンダルも、会社で靴を履き替えるのでなければ、履かないほうがいいでしょう。サンダルはカジュアルなものですから、カジュアルデーなどの楽しみにしておきましょう。

⑨ 肩が出た服装（キャミソールなど）
職場で、肩や胸などが大きく開いたような服装をするのは、やめましょう。仕事をする上で機能的ではないし、周りの人も目のやり場に困ります。

⑩ 大きくジャラジャラぶら下がるタイプのピアス
アクセサリーを着けるときは、なるべく小さくて目立たないものがいいでしょう。顔の周りでブラブラするようなものは、電話を取る際にも不便です。

クールビズって？

世界的にもそうですが、日本でも男性が夏でもスーツを着用する習慣があったため、オフィスでは冷房を強くし過ぎていました。そこで最近は5、6月～9月ごろに「クールビズ」と称して、男性も上着とネクタイなしで出勤してよい、という会社が増えてきました。とはいっても、カジュアルスタイルでいいという意味ではなく、きちんとしたシャツやズボン、靴などで、ビジネスシーンに似合う服装をすることが必要です。

戴上领带。自己最好不要随便摘下领带。
⑥ 皮鞋没有光泽
不经意间客户和公司同事会看到你的皮鞋，你应该每天把皮鞋打亮。在日本，时时可能需要脱鞋，所以鞋要保持清洁，不要让人看上去不舒服。

女性
⑦ 穿牛仔裤
不要穿牛仔裤去上班。除非周围大多数女职工都穿着牛仔裤上班。
⑧ 穿拖鞋
如果不是公司要求必须在单位换鞋，最好不要穿拖鞋上班。拖鞋属于轻装休闲用品，轻装工作日完全可以穿上它轻松轻松。
⑨ 露肩衫
在工作单位不要穿戴敞胸露肩的服装。首先工作方面没有这种需要，更何况穿戴这类服装还会使别人工作分心。
⑩ 又大又响的耳环
饰物应尽可能小巧，太引人注目的东西上班时不戴为好。脸周围吊着一串串东西，接电话都不方便。

time you feel like it.
⑥ Shoes not polished.
Customers and colleagues notice your shoes more than you might think. Shine your shoes daily. Wear shoes with laces. In Japan you will have occasion to remove your shoes; make sure your socks are clean and presentable.

⑦ Wearing jeans.
Except in cases where all other women are wearing jeans to work, don't wear jeans to the workplace.
⑧ Wearing sandals.
Unless you intend to change your shoes at the office, don't wear them. Save sandals for casual day since they are casual shoes.
⑨ Bare shoulders (camisoles, etc.).
Don't wear clothing at the office that reveals your shoulders or chest. Such clothing is not practical for working and is highly distracting to those around you.
⑩ Big, jangling pierced earrings.
Accessories should be small and unobtrusive. Anything that dangles around your face will be inconvenient when answering the phone.

身だしなみ、これなら大丈夫!

いかがですか？ 17ページのイラストと比べてみてください。印象がだいぶ違うはずです。あなたの印象を少しでもよくするように、気を付けてみてください。

❷ カジュアルデーについて

～今日はカジュアルデー～

ポイント

b. ビジネスシーンにふさわしいカジュアルな服装を選んでください。

c. いくらその時に流行しているからといって、ヨガやサッカーなどのスポーツウェアはよくありません。

d. 男性なら、Tシャツではなく襟のあるシャツがいいでしょう。ズボンもジーンズではなく、少し明るめのコットンパンツなどであれば、適度なカジュアルさが出せます。

e. 女性なら、カジュアルデーは制服を着なくてもいいことが多いですが、動きにくいものや、汚れやすいものは、着ないほうがいいでしょう。

---

b. 请穿上适用工作氛围的轻松的服装。

c. 虽说是流行款式，但也不应该穿着它上班。瑜伽练功服、足球运动装都不适合工作时间穿戴。

d. 男士的话不宜穿圆领衫，而要穿戴领子的衬衫。裤子不要穿牛仔裤，水洗布料的裤子较为明快，也很精神。

e. 女性的话，轻装工作日一般不穿工作制服，但最好别穿不经脏，不宜活动的服装。

b. Choose casual clothing that is appropriate for business.

c. Soccer, yoga, or other sportswear is not a good idea, no matter how popular they are.

d. Men should wear shirts with collars and avoid T-shirts. Avoid jeans; light-colored cotton slacks are appropriately casual.

e. Women often don't have to wear uniforms on casual day, but should avoid clothing that is awkward to move in, or gets dirty easily.

Unit 3
身だしなみ (2)

自分の顔は、自分よりもほかの人のほうが長く見ています！
よい印象を与えるように気を付けましょう。

確認クイズ

第1問

鏡を見たら、鼻毛が見えました。どうしますか？
1…体に必要なのでそのままにしておく
2…洗う
3…前から見えないように切る

第2問

朝食としてふさわしくないものは、どれですか？
1…白いご飯
2…甘い味のパン
3…ニンニク入りのおかず

解答
第1問　3　→　① 顔や手の身だしなみについて　参照
第2問　3　→　① 顔や手の身だしなみについて　参照

① 顔や手の身だしなみについて
どこがダメか、考えてみよう！

a. この二人の顔から受ける印象はどうですか？ 職場にこんな人がいたらどうでしょう？ 考えてみてください。

a. 看这两张脸，它会给我们留下什么样的印象呢？假如你身边（工作单位）就有这样的人，你会怎么想呢？你是不是应该考虑一下这个问题呢？

a. What type of impression do you get from the faces of these two? What would you think of them if they were at a workplace?

ここがダメだった!

男性:

① 長い前髪
ビジネスシーンでは、目が見えないような長い前髪は、心を見せない＝自信がない、信頼できない、というようなイメージを持たれてしまうこともあるので、せめて目が見える長さの前髪にしましょう。

② 後ろ側に寝癖
朝起きたら髪に寝癖がついている、ということは誰にでもありますが、そのままだと、毎朝きちんと準備できないような、だらしない人という印象を与えてしまいます。髪形は整えて、清潔感を出してください。

③ 鼻毛が出ている
これはとても多くの人に見られます。あなたの顔を見ている相手にはとても気になるポイントですから、こまめにチェックして、伸びていたら切るようにしてください。

④ 頬(ほお)に1本、毛が生えている
国によっては、顔に生えている毛を切る習慣がない所もあります。でも、日本ではほとんどの人が、目立つ毛が顔にある場合は剃(そ)ってしまいます。なので、特にポリシーなどない場合は、切ったほうがいいでしょう。

⑤ 小指だけ爪を伸ばして尖(とが)らせている
これもよくあります。あなたはきっと何か理由があって、小指の爪を伸ばしているのかもしれませんが、あまり爪が長いのは、どの指でもいい印象を与えません。それが尖っていたりしたら、もっと奇妙に感じます。強いこだわりがないかぎり、爪は短く切りましょう。

⑥ 爪の中が黒くて汚い
手は意外と人の目に付きやすく、目立つ場所にあります。爪も同じです。なので、気付いた時にきれいにするようにしてください。

⑦ 無精ひげ
宗教上の理由や、ファッションなどで、美しい形でひげを伸ばしている場合は別ですが、ひげを剃るのを忘れた無精ひげは、それだけでとてもだらしない印象を与えます。ひげは毎朝、きちんとそってから出勤するようにしてください。

⑧ 口臭
日本人は口臭にとても敏感です。なので、ニンニクなどを習慣的に食べる場合は、歯磨きなどで口臭予防に注意してください。もしくは、出勤前はニンニク入りの食事をしない、というのもいい方法ですね。

男性
① 前发过长　商务交流活动中，男士长长的前发搭在眼睛上，会给人一种缺少信心、难以信赖的负面印象，因为人们看不到心灵之窗。正因此头发再长也不应长过眼睛。
② 后脑勺头发凌乱不成发型　早晨醒来头发散乱变形，不修饰一下恢复不了原状，这样的事情谁都可能遇到，就这样去上班，人们会认为你早上不刷牙、不洗脸、不讲卫生。为了给人留下一种讲卫生的好印象，上班前还是应该整修一下自己的头发。
③ 露出鼻毛　很多人身上都能看到这种现象。想一想看着你的脸的人是怎样一种心情，还是要经常检点一下鼻毛，太长了要剪掉。
④ 脸颊生出一根长毛　国家不同，脸上生出长毛剪掉还是不剪掉的习惯也不同。在日本，脸上明显长出长毛大多数人都会剪掉。因此，如果没有什么特殊的清规戒律，长毛还是以剪掉为宜。
⑤ 小指指甲留得又长又尖　这种现象很常见。也许你将小指指甲留长有你自身的什么特殊理由，但指甲太长不管是哪个手指都不会给人留下好印象。指甲又长又尖尤其让人感到古怪。如果没有特殊需要，指甲还是应该短一点。
⑥ 指甲缝里又黑又脏　人的手，意外的引人注目，而且很容易暴露在人的眼皮之下。指甲也是如此。正因如此，指甲脏了一定要赶快清理干净。

---

① Long bangs. In business, bangs that cover the eyes give the impression that the wearer won't reveal himself, has no confidence, and is unreliable. At least cut your bangs short enough to reveal your eyes.
② Cowlick at the back of the head. Everyone experiences having cowlicks when they wake up. If you do nothing about them, you will give the impression that you don't groom yourself. Comb your hair properly and look clean.
③ Nasal hairs visible. This phenomenon is often seen. Nasal hairs bother people who have to look at you; always check your nostrils carefully and trim as necessary.
④ One hair growing on cheek. Some countries don't have the custom of cutting facial hair. Most people in Japan shave hair that is conspicuous on the face. When there is no particular policy, cut.
⑤ Long, pointed nail on little finger. We often see this. You probably have some reason to grow out this fingernail but long fingernails on any finger give off a poor impression. If the fingernail is pointed, it looks even weirder. Unless you are uncommonly attached to long nails, keep them short.
⑥ Long, dirty nails. Hands are surprisingly noticeable, as are nails, so please keep your nails clean when you notice them.

女性：
① 茶髪

その人の元々の髪色は別ですが、アジアの黒い髪の女性が金髪のような明るい色に髪を染めているのは、あまりビジネスシーンには似合いません。

② 爆発したようなパーマ

これも茶髪と同じで、ビジネスシーンで着るような服装に、あまりにも激しいパーマヘアーは似合いません。職場ではシンプルで自然なおしゃれをしてください。

③ 厚化粧

化粧は女性の大切な身だしなみの一つですが、行き過ぎると逆の印象を与えてしまいます。濃過ぎるアイシャドーや頬紅、太過ぎるアイラインやマスカラの付け過ぎ、派手な色の口紅などは、職場では控えるようにしましょう。

④ 派手なネイル

最近はネイルをする女性も増え、派手なネイルアートも多くなっています。職場にふさわしいネイルとは、パソコンのキーボードを打っている時にも目立ち過ぎない色と思っていいでしょう。

匂いについて

昔から女性は(最近は男性も)香水をつける人も多いと思います。自分の好きな香りの香水を選ぶわけですから、臭いと思うことなどないでしょう。

でも日本は、とても狭いスペースにたくさんの人がいます。例えば、通勤中の満員電車、会社のエレベーター、オフィスのデスクの周り……、あなたの周りの人は、みんなあなたの香りから逃げられないのです。あなたは好きな香りでも、ほかの人は好きではないかもしれません。そのことを忘れずに、香水はほのかに香るくらいに、少しだけつけるようにしてください。

⑦ 满脸胡须　源于宗教上的理由或时装搭配上的需要，有些人会把留长的胡须加工成具有美感的形状。而忘了刮脸自然生出的满脸胡须只能给人留下不讲卫生的印象。因此，胡须每天早晨上班前还是应该刮干净。

⑧ 口臭　日本人对口臭非常敏感。为此，如果有吃大蒜生葱的习惯请一定注意好好刷牙以防口臭。上班前不吃放有大蒜的食物不失为一个好办法。

女性
① 棕色头发　本身就是棕色头发另当别论。亚洲人的头发大都是黑颜色，女士把头发烫染成像金发一样刺眼的颜色是不宜参加公务活动的。
② 头发烫成滥鸡窝　和棕发一样，滥鸡窝发型和公务活动中要求穿戴的服装反差太大。上班时发型应尽可能简单，越自然越好。
③ 浓妆艳抹　化妆能够反映女性的教养程度。化妆过头会给人留下相反的印象。上班时应尽可能避免浓妆艳抹，过浓的眼影、颊红，过粗的眼线，浓重的睫毛膏，夸张的口红不应该是职工上班时的形象。
④ 漂亮的美甲　近来做美甲的女士越来越多，指甲越来越花里胡哨。上班时究竟应该把指甲图案和颜色做成什么样为好呢？想像一下上班时间自己是用怎样一双手操作电脑键盘，这样的问题就迎刃而解了。

⑦ Stubble beard. Well-trimmed beards grown for religious or fashion reasons are one thing, but stubble that you forgot to shave looks untidy. Don't leave for work until you have shaved off your beard in the morning.
⑧ Halitosis. Japanese are very sensitive to bad breath so if you eat garlic on a regular basis, brush your teeth to prevent halitosis. A good alternative is to avoid eating food containing garlic before leaving for work.

① Bleached hair. It's one thing if your hair is naturally light, but if black-haired Asian women become bleached blondes, they will not fit in at the workplace.
② Explosion of permed hair. As with bleaching hair, giving yourself an overzealous permanent will not help your appearance in a business suit. Give yourself a simple, natural chic look for the workplace.
③ Thick make-up. Make-up is an important part of a woman's appearance, but when used in excess it can detract. Refrain from wearing dark eye shadow and rouge, thick eyeliner and mascara, and shocking lipstick colors at the workplace.
④ Gaudy nail art. Nowadays there is an increasing number of women who use nail art; many go in for gaudy applications. At the workplace fingernails should be a subtle color and style appropriate for using a keyboard.

顔と手の身だしなみ、これなら大丈夫！

いかがですか？ 23ページのイラストと比べてみてください。 顔の印象がだいぶ違うはずで

b. 语言问题
有些人日语可能还不太过关，好像还很难用日语说清楚自己想说的事情。在彼此无法沟通的情况下你自身的一举一动是说明你自己的最有效的手段。

c. 语言之外沟通因素的重要性
世界上走到任何地方可能都是这样，在日本，衣冠不整的人会给人留下吊儿郎当的印象。且不管这种说法是否有根据，你给人留下什么样的印象起码会左右你周围的人对你的看法。

b. Problems with language.
Some amongst you may not be very good at Japanese. In such cases, it might be difficult to explain yourself verbally. If you can't make yourself understood through words, appearances are your best bet to explain yourself.

c. Importance of subliminal messaging.
In Japan, and perhaps throughout the world, people who wear slovenly clothes are considered undisciplined, whether actually true or not. The attitudes of those around you might change depending on the impression you make.

② 身だしなみの重要性

なぜ、重要なのか？

b. 言葉の問題

まず、皆さんの中で、日本語があまり上手ではない人もいるかもしれません。その場合、自分のことをあれこれ言葉で説明することはなかなかできません。言葉でわかり合えないとなると、「見た目」があなた自身を説明してくれる手っ取り早い手段なのです。

c. 言葉以外の（非言語）メッセージの重要性

世界中どこでもそうかもしれませんが、日本でも、だらしない服装をした人には、中身も「だらしない人」という印象を持ってしまう人がほとんどです。それが本当かどうかは、また別の問題なのです。あなたがどういう印象を与えるかで、周りの人の態度が、もしかしたら変わってくるかもしれません。

d. 指摘してくれない日本人

もし、あなたの服装や身だしなみがその場にふさわしくなかった場合でも、ほとんどの日本人は、あなたに何も言わないでしょう。日本では、人に何かを堂々と指摘したりすることは、あまりいいこととは思われていないからです。そのため、最初から身だしなみには十分注意しておくか、わからないときは自分から周りに聞くことが、必要になるでしょう。

ポイント

e. 皆さんが第一印象で損をしないためには、身だしなみや服装がとても重要になってくることが、わかっていただけたでしょうか？ なるべく皆さんがスムーズに仕事をするためには、身だしなみに気を配ることが必要になってくるのです。

d. 日本人不会直言指责你
即使你衣冠不整邋里邋遢，形象极其糟糕（不适合郑重场合），大多数日本人也不会指责你。这是因为，日本人不认为直截了当指责别人是什么好事。因此，你应该随时注意检点自己的衣装外表，心里有什么疑问应该去问问别人。

e. 为了给人留下一个好印象，衣装外表有多么重要这一点大家明白了吗？如果大家想愉快地去工作，应该经常注意自己的衣装服饰。

d. Japanese won't point out your problems.
Most Japanese won't tell you if your clothing or appearance is inappropriate for the venue because it isn't considered very nice to say anything. You must pay close attention to your appearances yourself and ask others when you're unsure.

e. Now do you see how important appearances and clothing are in making first impressions? It will become necessary for you to pay attention to your appearance to do well at the workplace.

Unit 4

入室・退室

ドアを開ける、閉める、椅子に座る……
誰にでもできるけど意外と難しい！

確認クイズ

第1問

お客さまとエレベーターに乗るときは、どこに立てばいいでしょうか。
　1…階数ボタンの操作盤の前
　2…お客さまの左隣
　3…お客さまの後ろ

第2問

ドアをノックするときに注意することは？
　1…中の人に聞こえるように、大きな音で
　2…軽く2〜3回、やさしく叩く
　3…小さな音で、連続して4回叩く

解答
第1問　1　→　③ エレベーターの乗り降り　参照
第2問　2　→　① ドアの開け閉め　参照

---

a. 敲门时应该轻轻攥起手，指甲面朝外，用食指第二关节对着门轻轻敲。

b. 要特别注意，如果快速连敲四下，会让屋里的人受惊和着急。这样敲门不会留下好印象，所以如果不是什么特别急的事，千万不要这样敲。

c. 敲门的速度要把握好。一般以每秒敲2次的速度轻敲两到三次。一次没有回音的话，敲第二次的时候可以边敲边喊 "对不起，有人吗？"

a. When knocking on a door, make a loose fist and tap lightly on the door using the second joint of the index finger of the back of your hand.

b. If you knock quickly four times you will fluster the person inside and leave a poor impression. Don't do this unless there is an emergency.

c. Knock gently at an appropriate pace (twice per second), two to three times. If there is no response, knock again while calling out, *shitsurei shimasu*.

① ドアの開け閉め

開け方

a. ドアをノックするときは、軽く手を握り、手の甲をドア側にして人差し指の第２関節辺りで、やさしくドアを叩きましょう。

b. 速い速度で４回も叩くと、中にいる人をとても急がせることになるので、印象がよくありません。とても緊急な用事でもないかぎり、やめておきましょう。

c. ノックは、ちょうどいい速さで（１秒間に２回程度）２〜３回、ドアをやさしく叩きましょう。一度で返事がないときは、もう一度ノックしながら「失礼します」などと声を掛けてもいいでしょう。

閉め方

d. 用事が終わったからといって、出て行くときに、中にいる人に背中を向けているのはよくありません。

e. 最後に、大きな音を立ててドアを閉めると、とても印象が悪いので、注意してください。最後まで気を抜かず、音をあまり立てないように閉めましょう。

f. ドアを出て行く前は、必ず振り返ってあいさつしましょう。出て行くときは、「失礼しました」と言えば大丈夫です。

---

d. 事情办完之后出门时，身体要转过来，不要把后背对着屋里的人。

e. 关门时一定要轻，声音太大会给人留下不好的印象，这一点要特别注意。关门时手不松劲儿，尽可能控制好关门的声音。

f. 走出街门时要回过头来说一句告辞的话。比如说，出门时说一句"打扰啦……"。

d. When done with your business and ready to go, it is not polite to turn your back on the person inside when you leave.

e. Finally, slamming the door leaves a very bad impression. Keep our presence of mind the entire time and don't make a racket when you close the door.

f. Before departing through the door, look back and say one last farewell. *Shitsurei shimashita* suffices for leaving.

❷ 座ったときの姿勢
こんな座り方はいけません！

① 手の形　その１
いくら話を真剣に聞いていたとしても、腕組みすると、気難しい人のような印象を相手に与えるので、できればやめておきましょう。

② 手の形　その２
ひじを突くと、その時あなたが退屈しているような印象を相手に与えるので、ビジネスシーンではよくありません。

---

① 手的位置　1
　听对方讲话的时候，千万不要把两臂交叉放在胸前。听的样子再认真，对方也不会认为你是一个有教养的人。
② 手的位置　2
　公务活动（商务洽谈）中，不要把胳膊肘架在桌子上，人们会认为你心不耐烦。

① What to do with your hands, part I.
　No matter how well you listen, if your arms are folded you will look like a difficult person. If possible, stop it.
② What to do with your hands, part II.
　If you put your elbows on the table, you will look like you are bored, which is inappropriate for a business setting.

③ 脚の形　その１

仕事中に脚を組むことは、絶対にしてはいけないことではありませんが、面接などの正式な場では、脚を組んではいけません。

④ 脚の形　その２

男性に多い脚の組み方ですが、この座り方は仕事上では絶対にしてはいけません。
特に女性は、プライベートでもやめておきましょう。

⑤ 姿勢

面接などで椅子に座るときは、背もたれにもたれてはいけません。背もたれを使う場合でも、深く腰掛け、お尻は前に出さないこと。脚は、女性は絶対に開かないように。男性も必要以上開かないように。

---

③ 腿的位置 1
坐在办公椅上千万不要盘起二郎腿。面试等郑重场合更应该注意

④ 腿的位置 2
这是男士喜欢的姿势，坐办公椅千万不要这样叉开腿。女士的话，什么时候都不要这样坐。

⑤ 姿势
面试等场合更要注意坐姿，千万不要把后背靠在椅背上。即便没有这种要求，靠靠背的时候，腰部要尽可能靠后，臀部不能靠前。女性的话注意腿不要叉开，男性的话不能叉得太过。

③ What to do with your legs, part I.
It's not a total *faux* pas to cross your legs while working, but don't do it during interviews or other formal occasions.

④ What to do with your legs, part II.
We often see this pose among men, but you mustn't sit like this during work. Women should never do it, even in private.

⑤ Posture.
Never lean back in a chair during an interview. Even if you lean on the back of the chair, sit up properly and don't slouch. Women should always keep their legs closed; men should also do so as much as possible.

③ エレベーターの乗り降り

〜エレベーターではどうしたらいい？〜

ポイント

g. 日本では、エレベーターや電車などに、並んだ順に乗るのがマナーです。前にいる人を追い越さないようにしましょう。

h. 階数表示の操作ボタンの前に立って、上司やお客さまに「何階ですか？」と聞き、階数ボタンを押してあげると親切です。

i. 降りるときも、同じ階で降りる人がいるときは、その後から続いて降りるように。いないときは、「すみません」とひと言声を掛けて、なるべく人を押しのけないように降りましょう。

j. 日本人は、体がぶつかったりすることがあまり好きではありません。エレベーターのような狭い空間では、お互いに声を掛けたり譲り合ったりしながら、スムーズに乗り降りすることを心掛けてください。

電車の中での座り方

日本では、電車やバスに乗る機会がとても多いと思います。そのとき、あなたはどんなふうに座っていますか？　車内での座り方はとても目立つので、注意が必要です。女性は、脚を開いて座ってないですか？　たとえスカートをはいていなくても、日本では脚を開いて座らないようにしましょう。向かい側に座っている人が不快に思います。男性も、脚を大きく組んでいませんか？　隣に座っている人が迷惑に思っているかもしれませんよ。いつも、周りの人のことを少しだけ考えて行動してみてください。

---

g. 在日本，乘电梯或电车一定要排队。不排队往前抢是一种违反社会规范的行为。

h. 和上司或客户一起上电梯应尽可能站在电梯控制键盘前，问一句"您去哪一层？"，为他人按一下按钮会给人留下好印象。

i. 下电梯的时候，如果同一层还有其他等电梯的人，自己要最后进电梯。出电梯的时候要说一句"对不起"再往外走，往外走的时候不要用手推人。

j. 日本人不喜欢身体接触。电梯内空间狭窄，上下电梯大家应该边打招呼边活动身体，只要互相谦让，大家进出电梯都不会感到困难。

g. In Japan it is polite to line up in front of elevators and trains. Don't cut in front of others.

h. It is good manners to stand in front of the elevator buttons, ask customers and superiors what floor they want, and press the correct buttons for them.

i. When preparing to get out of a train or elevator, line up behind others. If no one else is disembarking, say *sumimasen* and get out without pushing.

j. Japanese do not like to bump into others. In small spaces like elevators, speak to or yield to others to ensure that you get in and out smoothly.

Unit 5

話し方

話している内容よりも話し方が重要なときもあります。
話し方で損しないようにしましょう。

確認クイズ

第1問

食事の最中、口の中にものが入っている時に上司から話し掛けられたら、どうしますか？

　1…とりあえず口を手で覆って簡単に返事し、続きは食べ終わってから話す
　2…大きな声で返事をする
　3…口の中のものが食べ終わるまで黙っている

第2問

「はい」を数回続けて言うと、どんな意味になるでしょう。

　1…とても興味がある
　2…仕方なく相手の言うことを聞いている
　3…すぐにやる

解答
第1問　1　→　① 話し方　参照
第2問　2　→　② あいづち　参照

---

① 说话让人听清楚是对的，但是日本人不喜欢公众场合大声喧哗，声音太大人们会以为你在发脾气。应避免唾液四溅、粗声粗气地和人讲话。

② 在日本一边吃东西一边跟人讲话是极不礼貌的。再着急也应该等放到嘴里的食物咽下肚子再讲话。不得已非要马上回话的时候，应用手遮住口中的食物，手里拿着的食品要避开人的视线。人们很反感一边吃一边说，张着大口咀嚼的声音更招人讨厌。

① Speaking clearly and bluntly has its place, but many Japanese do not speak loudly. Speaking loudly is taken as an indication of anger. Don't exhale forcefully (expectorate) when speaking.

② Speaking with a mouthful of food is considered bad manners. Only speak after you've swallowed your food no matter how hurried you are. If you have to answer with food in your mouth, cover your mouth with your hand to hide the food. Champing loudly is also considered disgusting.

① 話し方

どんな話し方が好印象でしょうか?

①
はきはきとわかりやすく話すことは、いいことですが、日本人はあまり大きな声で話さない人が多く、大声で話しただけで怒っているように思われます。なので、たくさん息を出すような(唾が飛ぶような)話し方は、しないほうがいいでしょう。

②
日本では、口の中に食べ物を入れたまま話すことは、マナー違反とされています。どれだけ急いでいても、口に入れたものを食べ終わってから話しましょう。どうしてもすぐに返事をしなければならないようなときは、中の食べ物が見えないように、口に手を当てて隠してください。食べながら話すだけではなく、口を開けながらクチャクチャと音を立てて食べるのも、とても嫌われます。

ポイント

a. 日本人と話すときは、大きな声や迫力のある話し方ではなく、落ち着いた口調や速度、声のトーンで話すことが、最も大切です。

b. 好印象な話し方をすることが、実は、正しい文法で話すことよりも、日本社会に溶け込むのに効果がある場合も多いのです。

---

a. 和日本人讲话不需要声音洪亮，需要的是用沉稳的语调，适当的语流和抑扬顿挫的声频来讲话。

b. 讲话时过于拘泥语法现象对树立自己的形象并不会有多大帮助，而融入日本社会生活、信守日本社会规范的讲话方式无疑会给人留下好印象。

a. When speaking with Japanese, it is most important not to use threatening, loud speech, but to talk calmly in a normal tone of voice.

b. To give a good impression when speaking, it is often more effective to seem assimilated into Japanese society than to use correct grammar.

② あいづち

日本語の会話の中で、あいづちはとても重要な役割を果たしています。

こんなあいづちはNG！

① 口を開けたままにしない

人の話を聞くときに、ずっと口を半開きにしたままだと、ぼーっとしているか、人の話を真剣に聞いていないと思われます。口は開けっぱなしにせず、なるべく閉じておきましょう。

② あごを上げない

男性に多いのですが、あごを上げた状態で目だけ下を向けて「うん、うん」とあいづちを打つ人がいますが、これは、相手をバカにしているように取られてしまうので、大変よくありません。

---

① 听人说话时不要半张着嘴
　听人说话时，一直半张着嘴旁人会以为你听不明白或是不想听。嘴不要一直半张着，最好合上嘴听人讲话。

② 听人说话时低着头（不应该低着头）
　这种现象男士身上比较常见，扬着头、眼睛看着地面一个劲地"嗯、嗯！"地随声附和。这样做非常不好，对方会认为你不尊重人。

① Don't leave your mouth open.
　If you gape when listening, people will think you are in a daze or not paying attention. Endeavor to close your mouth.

② Don't lift your chin.
　Often men lift their chins while looking down as they respond with "unun." This will be taken as condescension toward the speaker, who will find it highly disagreeable.

③ にやにやしない

にやにや笑いながらあいづちを打つのは逆効果です。あいづちは、相手の話していることを聞いているよ、理解しているよ、ということですが、にやにやしていると、本当はそんなふうに思っていないように思われても仕方ありません。特に自分より年長者には、絶対にしないでください。

④ 連続であいづちを打たない

「うんうんうんうん」「はいはいはい」など、連続であいづちを打ってしまうことは、日本人にもよくありますが、あまりいい印象は与えません。あいづちの速さにもよりますが、特に「はいはい」は、「本当は嫌だけど仕方なくあなたの言うことを聞く」という意味にもなるので、注意が必要です。

---

③ 听人说话时不要冷笑和坏笑
吝惜笑容、勉强附和不会给人留下好印象。随声附合要表达的意思是"我在听你说话""你讲的我非常理解"。嬉皮笑脸的话，人们会认为你根本不想听对方讲话。这一点应该引起注意，特别是对长辈尤其不能这样不严肃。

④ 不要没完没了地嗯、嗯、嗯！
"唉、唉、唉！""嗯、嗯、嗯！"这种现象日本人身上也常见，但这不是什么好习惯。随声附和的语速把握不好很要命，特别是「はい、はい」这种表达方式，语气不好的话，说话方会想"你是不是本来不情愿听我说却还硬要装出一个要听我说的样子？"

③ Don't smirk.
It is counter-effective to smirk while uttering monosyllabic responses. Such responses are used to indicate the listener is paying attention and understands, whereas smirking does not. Never do this toward your elders.

④ Don't utter continuous responses.
Many Japanese say *unununun* or *haihaihai*, etc., but this does not give a good impression. This is especially true for *haihai*, which, depending on the speed of the response, sounds as if the listener is hardly able to endure listening to the speaker. Be careful.

③ 返事の仕方

～いい返事って、どんな返事？～

登場人物: 陳さん　同僚　上司

1. （同僚）ねぇ、ちょっと陳さん／（陳）あぁ？
2. （同僚）この書類ちょっとコピーお願いしたいんだけど／（陳）はぁ…
3. （同僚）もしかして今ものすごく忙しかったりする？／（陳）うーん…
4. （同僚）これ実は明日社長へ提出する資料なんだけどね／（陳）へぇ～
5. （上司）陳さん、君にモ社長に出す資料をちょっと作って欲しいんだけどな
6. （陳）えぇっ!?

ポイント

c. これは、男女ともに非常に多く見られることですが、名前を呼ばれたりしたときに「あぁ？」などと語尾を上げて返事しては、絶対にいけません。ほとんどの日本人は、それだけでびっくりしてしまいます。呼ばれたときは、「はい」と明るく返事してください。

d. 「はぁ」「うーん」などの返事は、時と場合によっては、もちろん使ってもいいですが、何を聞いてもこのようにはっきりしない返事をするのは、よくありません。

e. 「へぇ～」というあいづちは、便利な言葉ですが、顔の表情に注意して使わなければいけません。にやにやしながら言うと、「あなたにもそんなことできるの？」というような、相手を少しバカにしたような意味にもなるので、気を付けましょう。

語尾の大切さ

日本語の文章の中で、語尾の話し方はとても重要な役割をします。例えば「～ですか？」という疑問形の語尾でも、すばやくはっきり語尾を上げてしまうと、相手が何か悪いような印象を与えます。ですから、優しい口調や小さめの声で「～ですか？」と言うか、「～ですかぁ？」のように、少し語尾を柔らかめに言うといいでしょう。この語尾の微妙な調節は、皆さんには少し難しいかもしれませんが、いろいろな日本人の話し方を聞いてみてください。

---

c. 这种现象男性女性身上都很常见，听到别人叫自己的名字第一反应是「あぁ？」。这种语尾往上挑的"啊！"给人回话时千万不要用。因为大多数日本人都会对此感到惊讶。回答时候一定要明快地说「はい」。

d. 时间、地点不同，回话的方式不同，「はぁ」「うーん」正是这样，并非完全不能使用，但不分时间、地点总是这样含混其词就不对了。

e. 「へぇ～」也是随声附合的表达方式，用起来看似简单，而实际上并非如此，说这个词时脸部的表情直接影响人的情绪，应当引起注意。不冷不热地说出来，对方会想"你也有这两下？"。这个词使用不当往往会使对方产生误解，认为你不尊重人。这一点也应引起重视。

---

c. When their names are called, men and women often respond with a rising inflection of *aa*? This should never be done. Most Japanese would be shocked just to hear such a thing. When called, respond with *hai*.

d. Of course sometimes it is all right to answer *haa* or *un*, but it isn't good to respond vaguely like this to every question.

e. The response, *heh*, is convenient but be careful of your facial expression when using it. If you smirk as you say it, you are implying condescendingly that your listener is incapable of something you can do.

Unit 6

敬語の使い方

日本語の中でいちばん使いこなすのが難しいのが、敬語です。状況別に使い分けられますか？

確認クイズ

第1問

取引先から課長に電話がかかってきました。課長はいません。何と言いますか？

　1…「課長さんは今、いません」
　2…「課長はご不在です」
　3…「課長はただ今、席を外しております」

第2問

「ここ」を改まった言い方で言うと？

　1…こなた
　2…こちら
　3…この方

解答
第1問　3　→　① 敬語の使い方　参照
第2問　2　→　② 敬語の知識　参照

---

a. 「いく」的敬語表達方式主要有「いらっしゃいますか」「行かれますか」和「お行きになりますか」等。不能使用「お行きになさいますか」。

b. 「お」可以接在很多単詞的詞头，用起来確实很方便。但是，一般情况下，「お」不能接在「コピー」这类外来语単詞的詞头。

c. 谈及自己的行为时要用自謙語。就像把「持つ」变成「お持ちする」一样，只要记住「お～する」这个句型，当需要使用自謙語时你会感到很方便。

a. The verb, 「行く」 cannot be made into 「お行きになさいますか」. It should be 「いらっしゃいますか」, 「行かれますか」 or 「お行きになりますか」.

b. The prefix, 「お」, is convenient and can be used with many words, but in general, it cannot be used with katakana words, such as 「コピー」.

c. Use humble language when referring to your own actions. It would be convenient for you to memorize 「お～する」 constructions, such as 「お持ちします」 for 「持つ」.

① 敬語の使い方

どの敬語が間違っているか、考えてみよう！

a. 「お行きなさいますか」ではなく、「行く」の尊敬語は、「いらっしゃいますか」「行かれますか」「お行きになりますか」のどれかです。

   （部長、今日は取引先へお行きなさいますか？）

b. 「お」はいろいろなものの頭に付けて使える便利な言葉ですが、一般的に、「コピー」などのカタカナ語には「お」は付けません。

   （おコピーを先に取らせてもらってもいいですか？）

c. 自分の行動を表すときは謙譲語を使います。「持つ」は「お持ちします」のように、「お～する」の形を覚えておくと便利です。

   （私がお持ちになっていたします！）

ポイント

d. 敬語を使わないことで失礼になる場合もありますが、敬語を使い過ぎて間違った言葉遣いになってしまうこともあることを、覚えておきましょう。

e. 敬語にはいろいろな種類と使い分けがありますが、あまり難しく考えず、簡単でシンプルな形を覚えて、まずはたくさん使ってみましょう。

  例）尊敬語「お～なる」、謙譲語「お～する」、丁寧語「です・ます」

---

d. 某些场合不用敬语会很失礼，但滥用敬语语病也会伤人，这一点一定要牢记。

e. 敬语有形式和用法之分。使用敬语要避难就简，尽可能多多练习。

d. Sometimes it is rude not to use polite language, but keep in mind that it is also possible to overuse it or use it incorrectly.

e. There are many different kinds of polite language. Memorize simple forms so you can use many of them without thinking too hard.

② 敬語の知識

仕事で役立つ敬語や言葉遣いを見てみよう

ビジネスマナー頻出語句
① 名前の呼び方の基本（社外の人に対して）

自分(私)	―	わたくし
相手	―	～様、～さん
会社	自分	弊社（へいしゃ）、わたくしども
	相手	御社（おんしゃ）、～(社名)様
上司	自分	(部長の)山本
	相手	山本部長(様)

② ビジネスでよく使う敬語動詞一覧

基本形	尊敬語	謙譲語
言う	おっしゃる	申す　申し上げる
聞く	お聞きになる	伺う　うけたまわる
思う	思われる　お思いになる	存じる
見る	ご覧になる	拝見する
知っている	ご存じである	存じている　存じ上げる
する	なさる　される	いたす
いる	いらっしゃる　おいでになる	おる
行く	いらっしゃる　おいでになる	参る　伺う
来る	いらっしゃる　お見えになる　お越しになる	参る　伺う
会う	お会いになる	お目にかかる　お会いする
もらう	お受けになる　お納めになる	頂く　頂戴する
与える	下さる	差し上げる

ポイント

f. ①は、同じ人を呼ぶのでも、あなたと、話に出てくる人や話している相手との関係によって、呼び方が変わるので、注意しましょう。

g. ②は、一つの動詞にたくさんの敬語の言い方があることも多いですが、いちばん簡単で自分が覚えやすい（使いやすい）ものを使っていれば、問題ありません。

---

f. ①尽管称呼的是同一个人，但根据你和话题中人及讲话人的关系，称谓会发生变化，这一点要特别注意。

g. ②是指同一个动词会有多种敬语表达方式。你只要记住形式、用法最易掌握的敬语，应用起来不会有什么大问题。

f. ① shows that you should realize usage of respect language differs depending on the relationship between the listener, the person you are speaking about, and yourself.

g. ② shows there are a multitude of verb forms signifying respect. If you learn what is easiest for you to memorize and use you will have no problem.

③ 改まった言い方

	普通の言い方	改まった言い方
代名詞	これ	こちら
	それ	そちら
	どれ	どちら
	誰	どなた
	どんな	どのような
	どう	いかが
時間	今日（きょう）	本日（ほんじつ）
	あした	明日（みょうにち）
	きのう	昨日（さくじつ）
	去年	昨年
	今	ただ今
	さっき	先ほど
	後（あと）で	後（のち）ほど
	この間	先日（せんじつ）
	その日	当日
	次の日	翌日
	今度（今回）	このたび

	普通の言い方	改まった言い方
時間	今度（この次）	次回
	今度（他の日）	後日
	ちょっと	少々　少し
	すぐ	至急　〜次第
表現	〜です	〜でございます
	〜ではありません	〜ではございません
	そうですか	さようでございますか
	どうですか	いかがですか
	いいですか	よろしいですか
	わかりました	かしこまりました／承（うけたまわ）りました
	わかりません	わかりかねます
	あります	ございます
	ありません	ございません
	すみませんが	申し訳ございませんが
	できません	できかねます／いたしかねます

④ クッションワード

頼む・尋ねる	恐れ入りますが お手数ですが ご面倒ですが ご迷惑をお掛けしますが 申し訳ございませんが お忙しいとは存じますが よろしければ お差し支えなければ 失礼ですが 念のため

断る・謝る	あいにくではございますが せっかくですが 残念ながら 申し上げにくいのですが 大変心苦しいのですが

ポイント

h. ③④共、この表現が使えるようになると、仕事する上で大変礼儀正しい印象を与えることができます。

i. ④のクッションワードとは、文章の前に付けることで、その文章の内容を、相手に受け入れてもらいやすくするためのものです。

h. ③④是指只要掌握了这种表达方式，工作中就会给人留下彬彬有礼的好印象。

i. ④所指的标题用语一般写在文章之前，目的是为了让读者扫一眼就能理解文章的内容。

h. If you learn to use polite language, as in ③ and ④, you can give an impression at work of knowing the social graces.

i. The "cushion words" in ④ soften the content of the sentences following, making them easier for the listener to accept.

③ 若者言葉

〜ビジネスマンらしい話し方って?〜

スミスさん　渡辺さん

1. 渡辺さん、おはようございます！
　あぁ、スミスさん　おはよう

2. 仕事どう？慣れた？

3. いやぁ〜マジやばいっすよ！俺の部署って忙しいじゃないですかぁ
　なんていうかビミョー

4. そうなの？何がそんなに大変なの？

5. っていうか〜、やっぱ俺的には先輩たちの仕事手伝わなきゃかな？とか思うっしょ！じゃないとなんか居心地悪いっていうか〜…

6. そうなんだ。それよりスミスさんって日本語どこで勉強したんだっけ？
　え？僕っすか？大学の友達と遊んでるうちに自然に覚えたんすけど…

さて。スミスさんの言葉遣い、どう思いましたか？

① 请看下列三组短句。每一组等号前后的短句所要表达的意思完全相同。等号前的短句不能用于郑重场合。
マジ＝本当に　やばい＝大変，危ない　〜っすよ＝んですよ
道理一样，郑重场合不要用"マジ（で）〜？"，而要用"本当ですか"。

② 近来，一些人不知出于什么心理，常用"〜じゃないですかぁ"这样的表达方式来向对方征求意见。公务活动中请不要使用这种表达方式。

③ "ビミョウ"源自"微妙"。遇到"ちょっとわからない""いいか悪いか判断しにくい"这种情况时，很多年轻人都在使用"ビミョウ"这个词。是否应该这样来表达，要看对方是什么人。

① マジ means "really?"　やばい means "Oh, no! This is terrible!" 〜っすよ is the same as んですよ (it's the fact that ...). Similarly, 「マジ（で）〜？」 is not very good. The best expression to use is 「本当ですか？」.

② The number of people who seek the agreement of their listener by saying, 「〜じゃないですかぁ」even though they have no particular reason in mind, is on the increase. Don't talk like this at the workplace.

③ This popular slang item originally derives from the word, "subtle, fine distinction." Recently, young people have increasingly been using it to mean everything from "I don't really know," "It's hard to tell if it's good or bad," to just about everything else. It's a

ビジネスにふさわしい言葉遣いとは？

どこが若者言葉だったか、見てみましょう。

① 「マジやばいっすよ」
マジ→本当に、やばい→大変・危ない、〜っすよ→んですよ　という意味です。
同じように「マジ（で）〜？」というのもよくありません。「本当ですか？」がベスト。

② 「忙しいじゃないですかぁ」
特に理由もないときに「〜じゃないですかぁ」と相手に同意を求めるような話し方をする人が最近増えていますが、これもビジネス場面ではやめましょう。

③ 「ビミョー」
これは「微妙」が語源ですが、最近では「ちょっとわからない」「いいか悪いか判断しにくい」などの場面で、すべて「ビミョー」という若者が増えています。流行り言葉でもあるので、使う相手には注意しましょう。

④ 「っていうか〜、俺的には……」
前に何の文章もないとき、話し始めのときに「っていうか〜」と言うのも、最近の若者言葉です。仕事場では使わないように。「俺的には」は「私としては」という意味なので、「〜的」と言わずに、きちんと使いましょう。

⑤ 「思うっしょ」「僕っすか？」
このように「っ」を使って言葉を縮めてリズムをよくするのも若者言葉によくあります。
さまざまなバリエーションがありますが、ビジネスシーンでは「思いますよね」「僕ですか？」というふうに言い換えてください。

ポイント

j. スミスさんの言葉遣いは、意味は全部わかりますし、間違ってはいません。ただ、大学生などが仲間内で使う「若者言葉」なので、会社やビジネス場面では、たとえ意味がおかしくなくても、使うのはふさわしくないことを、覚えておいてください。

---

④ 没有任何前提，开口就说"っていうか"似乎是现在年轻人时髦的说话方式。工作中千万不要这样用。"俺的には"是要表达"わたしとしては"这层意思，不要用"〜的"这种表达方式，请您使用正确的表达方式。

⑤ "っ"产生的主要原因或许是因为很多年轻人都想通过简化词语来加强抑扬顿挫的语气。由此还派生出很多雷同的用法。公务活动中请不要使用"思うっしょ""僕っすか"而要使用"思いますよね""僕ですか"。

j. 史密斯说话时使用的单词，意义不会让人误解，不能说有什么错。但这些单词是大学生同学或伙伴之间用的词。请大家牢记，如果把这些单词照搬于公司公务活动或商务洽谈中，即使意思没有错也是有问题的，或者说是不合时宜的。

trendy word so be careful with whom you use it.

④ Young people have also taken up the practice recently of beginning their utterances with 「〜っていうか〜」even though they have said nothing to preface it. Don't use this at the workplace. 「僕的には」means "as for me." Please speak correctly and dispense with the 「〜的」.

⑤ This use of「っ」to improve rhythm and abbreviate words is also prevalent in young people's speech. There are many variations, but in the business environment, rephrase such expressions as: 「思いますよね」and 「僕ですか？」, respectively.

j. Mr. Smith's language usage is understandable and correct, but it is young people's speech used by college students with each other and is not appropriate for the workplace.

Unit 7

整理整頓

あなたのデスクはいつもきれいですか？
あなたがいなくても、どこに何があるかわかるように、
いつも整理しておきましょう！

確認クイズ

第1問

ちょうど買おうと思っていたペンが、会社にたくさんありました。どうしますか？

　　1…持って帰って家で使っていいか、上司に聞く
　　2…会社のものは持って帰らない
　　3…備品なので、勝手に持って帰る

第2問

現在進行中の仕事の書類は、どこに保管していますか。

　　1…誰にでもわかるように、デスクの引き出しに入れてある
　　2…重要な書類なので、いつも持ち歩いている
　　3…重要な書類なので、誰にもわからないように隠してある

解答
第1問　2　→　③ 備品の使い方　参照
第2問　1　→　④ 書類の整理　参照

---

① 每天下班的时候，请务必把笔记本电脑电源关掉再走人。

② 电话机应该放在随手可以拿起来接听的地方。电话机上不要堆放杂物。电话机旁应该备有记录单。

③ 眼前正在处理的文件应该整理好集中放在一处。

① Make sure to turn off your notebook pc every day before going home.

② Put the phone in a place where you can answer it easily. Don't put anything on top of the telephone, but always put memo pads near the phone.

③ You will have a clearer idea of what you are doing if you neatly put the documents you are working on currently in one spot.

① 自分のデスクをきれいに！

① ノートパソコンは毎日必ず電源を切って帰るように

② 電話はすぐ取れるように、取りやすい位置に。電話の上にモノを置いたりしてはいけません。電話の近くには必ずメモを置くように

③ 現在進めている書類も、どこか一箇所に整理しておくとわかりやすい

④ 最低限の飲み物は置いてもいいが、お菓子などは机の上で広げないこと

⑤ ゴミはたまったらすぐに、たまらなくても1日1回帰る前に捨てること

⑥ 外から見えないデスクの中もファイルなどできちんと整理しておくこと

---

④ 桌上放一点必备的饮料是可以的，但最好不要把零食摆一桌子。

⑤ 垃圾堆满了要马上倒掉，即使堆不满每天下班前至少也要倒一次。

⑥ 虽然人们看不到办公桌抽屉里面什么样，但也应该把抽屉里面的文件整理好。

④ Keep liquid refreshments on your desk to a minimum and don't spread your snacks out on top of your desk.

⑤ As soon as your trash accumulates, throw it away. Even if it only accumulates slowly, make sure to dispose of it once a day before going home.

⑥ Keep the files inside of your desk neatly organized even if they aren't visible from the outside.

第一章 日本の一般マナー

第二章 日本のビジネスマナー

確認問題

② オフィスの共用部分

～ここはいったい、誰が掃除する所？～

中国人新入社員 李さん
先輩社員 木村さん

1
李：今日からこちらに配属になった李です。よろしくお願いします。
木村：こちらこそ。じゃあ早速だけど、この部署の当番について説明するわね。

2
李：当番って何の当番ですか？
木村：この給湯室みたいにみんなが共同で使う場所を女子社員が順番に掃除したりするのよ。

3
李：え？どうして女性だけが担当するんですか？
木村：そうねえ、習慣だから…とにかく出社したらポットにお湯を入れてね。
李：それだけですか？
木村：ううん、他にもコップを洗ったり給湯室を掃除してね。

4
李：え？掃除するんですか？掃除業者はいないんですか？
木村：お掃除の人はいるけど、こういうことは自分たちでやるのよ。

5
李：ええ？それっておかしいと思います。私の仕事は掃除じゃありません！
木村：でも私たち、みんなずっとこうやって来たから。李さんは新人なんだからやってほしいな。

6
…納得いかないなぁ…

納得いかない李さん、どうすればいいでしょう？

---

a. 在日本的公司里，职工应该轮班负责公共设施或设备的清扫和维护，即所谓的"值班"。

b. 历史较长规模较大的公司，"当班值日"是理所当然的，这项工作主要由女职工和新职工来承担。

a. Sometimes in Japanese companies, employees are expected to take turns being in charge of cleaning common areas.

b. The bigger and older the company, the more mandatory rotational tasks there are. Female employees or new-hires are usually put in charge of them.

ポイント

a. 日本の会社では、社員が順番で共用部分の片付けなどを担当する「当番」というものがある場合があります。
b. 古くて大きな会社ほど、何かしら当番があることが多く、それを担当するのは女性社員か、新入社員の場合が多いです。
c. こうした当番は習慣の一つで、男女差別のような深い意味はない場合がほとんどです。
d. いろいろな意味で、日本人ではない皆さんには納得できない、理解できないことも多いと思いますが、とりあえず特別な理由がないかぎりは、最初のうちは我慢して当番をしてみましょう。
e. 外国人だからということで、あなただけが当番をしないことを、日本人社員は許すかもしれません。でも、同僚たちとはいい関係になれないかもしれません。

きれい好きな日本人

日本人がきれい好きだというのは、よく言われていることですが、日本には「自分の身の回りのことは自分でするのが当たり前」というような価値観があるからかもしれません。ですので、日本では、小学生から、学校の教室は自分たちで毎日掃除します。皆さんの国では、生徒が学校を掃除しなくていい所も多いのでは？　日本人は、小学校・中学校・高校と、そういう習慣で生活する人が多いので、オフィスでも自分でゴミを捨てたり片付けたりするのは、そのためかもしれませんね。

---

c. 这种当班值日业已成为一种习惯，一般来讲这项工作并不反映男女职工待遇是否平等之类的问题。

d. 我想，无论从哪个角度来讲，大家不是日本人，有些事情可能很难搞清楚或很难理解。如果没有什么特殊原因，先不要问"为什么？"。工作刚开始，耐着性子去经历一下"值班"怎么样？

e. 如果以自己是外国人为由不去"值班"的话，公司职员也许能够谅解你。但你可能因此而无法和公司同事建立良好的人际关系。

c. In most cases, assignment of tasks is simply a custom and does not signify gender discrimination.

d. On a lot of levels, there are probably many things that all of you who are not Japanese have difficulty accepting or understanding about this, but unless you have some exceptional rationale, try to put up with taking your turn being in charge of these tasks.

e. Japanese employees may forgive you for not taking your turn being in charge of tasks if you use the rationalization of being foreign, but you could sour your relationship with your colleagues.

③ 会社の備品の使い方

会社にある文房具などの備品の使い方に、ルールはあるでしょうか？

f. オフィスにはたくさんの新しい文房具が置いてあって、誰でも使えるようになっているかもしれません。でも、私用に使うために持って帰ってはいけません。

g. 自分がよく使う備品は、自分の机に置いておいてもいいですが、そうでない備品は、決められた場所にきちんと戻しておきましょう。

h. プロジェクターのようにあまり数がないものを借りる場合は、無断で借りるのは少し気を付けてください。ほかにそれを借りようと思っている人が困るかもしれません。

i. その備品に管理者がいる場合は、その人に声を掛けたり、いつまで借りたいかなどをどこかに登録したり、それぞれの職場のルールに従って備品を使用してください。

ポイント

j. 備品に対する管理方法は、同じ会社の中でも、部署によって違うことも多いので、まずは、何か使いたいと思ったときに、周りの社員にどうしたらいいか聞いてください。誰にも聞かずに勝手に持っていくのだけは、やめましょう。

---

f. 办公室备有很多新的文具，这是为所有工作人员提供的办公用品，你不可以为了个人使用把这些文具带回家。

g. 自己经常使用的办公用品要放在自己的办公桌上，其他物品请你把它放回应该放的地方。

h. 借用投影机这类数量有限的器材必须考虑到会不会影响别人使用。不能只图自己方便。

i. 办公用品一般都有专人负责，借用时打一声招呼，问一问借用时间等情况在什么地方作记录。请务必遵守办公用品内部管理规章。

j. 即便是同一个公司，部门不同物品管理方法不同的情况也很常见。借用物品需要办理什么手续首先应该问一问该物品所属管理部门的工作人员。不要不闻不问擅自使用公司物品。
① 使用文件夹分类保管文件
在文件夹封皮上贴上表示内容的明胶标签，使人一目了然，为了便于

f. There might be an abundance of new stationery products in the office that anyone can use, but you mustn't take them home for personal use.

g. You can leave on your own desk the equipment you use, but you should put away all other equipment in its proper place.

h. When borrowing items like projectors, which are limited in quantity, take care not to do so without permission because other employees might need to borrow the same item.

i. If someone is in charge of such equipment, talk to him or record how long you want to borrow it. Follow the rules of the workplace on equipment use.

j. Often rules for equipment differ by company department, so first ask other employees what to do when you want to use something. Never take equipment without asking.
① File clear files, etc. by category.
Write the contents on labels and attach for easy recognition. Store

④ 書類の整理

仕事をする上で、書類やファイルはとても重要です。
仕事のできる書類の整理方法とは、どんなものでしょう？

① クリアファイルなどを使って項目ごとに保管する

シールなどに内容を書いて貼っておくとわかりやすいでしょう。本のように立てて収納すると取り出しやすいです。

② トレーを使う

もらったばかりの書類や、今まさに仕事中の書類、まだ整理できてない書類などは、A4サイズのトレーに一時的に入れておくといいでしょう。あくまでも一時的なものなので、そこに書類をどんどんためたりしないように。

③ 重要資料だけどあまり見ないものは、バインダー式ファイルに

重要なので捨てることはできないけれど、今はもうあまり見ない過去の資料などは、項目別に分けてバインダー式ファイルに入れ、デスクのいちばん下の引き出しか、本棚などに入れておきましょう。背表紙にきちんと内容を書いておくことが重要です。

ポイント

k. もちろんこれだけではなく、職場全体で保管している資料や、パソコン内にあるデータなど、さまざま種類の書類が、現代の職場にはあると思います。そのすべてに共通していえることは、「自分がいないときにほかの人が探しやすく」しておく、ということです。これさえ心掛ければ、すべての書類の整理は自然にうまくいき、仕事がしやすい環境になるでしょう。

---

① 工作人员取存文件夹，文件夹应该立起来摆放。
② 文件盒使用方法
新收到的文件、正在处理的文件、尚未整理好的文件可暂时分类放在A4规格复印纸大小的文件盒里。文件盒是用来临时收存文件的地方，不要没有节制地堆放文件。
③ 用带不锈钢夹扣的文件夹将不是每天都要阅读的重要资料和不可能扔掉处理的重要历史资料夹起来放入文件柜最底层的抽屉里或收放在书柜里。别忘了文件夹外侧要注明文件内容。

k. 除此之外工作现场还有很多其它资料。如整个工作单位保管的资料，电脑中的各种数据和其它各类资料。用一句话来说，文件管理的目的就是 你不在别人也能找得到。只要你能明白这个道理，你必定能够遵守文件管理制度，大家就都能在一个良好的环境中工作。

---

the files upright like books for easy access.
② Using trays.
Temporarily put into A-4 sized trays documents that you have just received, are still working on or haven't organized yet. Emphasis is on temporariness; don't let such documents pile up in the tray.
③ Put important documents you won't look at often into binders.
Such documents are too important to throw away, but are old so you don't often need them. Put them by category into file binders, and put the binders into your bottom desk drawer or on a bookshelf. It's important to clearly label the binder spines.

k. There are probably many kinds of documents in the modern workplace, including those filed in the company as a whole or as data in computers. What is important is that others can easily find the information if you aren't there. If you keep this in mind, document organization will naturally go well, facilitating a good work environment.

Unit 8

携帯電話のマナー

便利で、なくてはならない携帯電話。
でも、ちゃんとマナーを守っていますか？

確認クイズ

第1問

電車の中で携帯が鳴ったら、どうしたらいいでしょう。
　　1…普通に電話を取る
　　2…電車の中なので、用事が終わるまでずっと、こそこそと話す
　　3…相手に「今、電車の中なので後で、かけます」と言って切る

第2問

仕事中、あなたの携帯電話はどこに置いておくのがいいですか？
　　1…バイブレーションの振動がわかるように、手に握っている
　　2…音を消して、机の引き出しなどに入れておく
　　3…すぐ電話に出られるように、机に置いておく

解答
第1問　3　→　② 携帯電話のマナー　参照
第2問　2　→　② 携帯電話のマナー　参照

① 携帯電話の騒音について

〜びっくりする着信音!?〜

こんなこと、時々ありませんか？　これでは携帯電話は騒音そのものですね。
では、携帯電話のマナーってどんなものでしょう？

② 携帯電話のマナーとは

世界の人々が使っている携帯電話。国によって携帯電話のマナーは違う場合も多いですね。法律で決まっているものから、そうでないものまで、いろいろありますので、注意してください。

車の中での通話・メール

a. これはマナー違反というよりも、大変危険なため、法律で禁止されています。見つかった場合、罰金などの処罰を受けますので、絶対にやめてください。

電車の中での通話・メール

b. 電車の中での通話は、法律で禁止されているわけではありませんが、公共機関を使うときのマナーとして、大声や長時間の通話は控えましょう。携帯メールは電車で使っても構いませんが、携帯電話電源オフ車両などに乗った場合は、通話とともに禁止です。

---

a. 做这种事情的危险性已不仅仅是违反社会公德，而是已经开始触犯法律。一旦被发现轻则也要被罚款，请切记。

b. 在电车里使用电话虽说不属于违法行为，但对于在公共交通工具上使用手提电话的社会规范你不应该一无所知。通话中应最大限度地压低声音。电车上虽然可以使用手机，但在要求切掉电源的车厢里手机通话是被禁止的。

a. This is not a matter of lack of politeness; it is forbidden by law because of its being extremely dangerous. If discovered, you will be punished with a fine, etc. so never do it.

b. Talking on a cell phone on the train is not illegal, but as a rule, refrain from speaking loudly or for a long time in a public conveyance. You can use cell phone text messaging, but not if you ride in a train car that requires you to turn off your phone.

私用電話

c. 緊急でどうしても今話さなければならないこと以外、基本的に、社内での私用携帯電話はやめておきましょう。仕方のない場合も、自分の席で堂々と話すのではなく、廊下など仕事をしている周りの人の迷惑にならない場所で話しましょう。

携帯電話を使ったサービスの利用

d. 今は、携帯でなんでもできる時代です。携帯を使って飛行機の予約をしたり、地図を調べたり、ネット検索をしたり、ブログを更新したりできます。しかし、仕事中は、業務にあまりかかわりのないことでの携帯サービスを使うのは、控えましょう。

---

c. 在公司里工作，除有特殊情况不得不使用手机通话外，原则上是禁止使用私人手机的。遇到特殊情况，不要在自己的办公桌前满不在乎地通话，应该到走廊等不影响他人工作的地方去通话。

d. 在这个手机功能愈来愈发达的时代，人们可以轻松利用手机预定机票、检索地图、浏览网络、更新博客。但是，工作毕竟是工作，和业务无关的事情还是不要使用手机。

c. Unless there is an emergency that demands you use your personal cell phone, don't use it at work. If you have to use it, don't sit there at your desk but go out into the hall, etc. so as not to bother others who are working.

e. You can do anything with a cell phone today: make plane reservations, check maps, use the Internet, update blogs, etc. Refrain from using cell phone services at work when they are unrelated to your job.

社内での私用携帯電話について

① 個人の携帯電話は、仕事中は電源を切っておくのがいちばんいいですが、今の日本ではできない場合も多いでしょう。それでも机の上に出しっぱなしにせずに、机の引き出しなどに入れておきましょう。その場合、着信はバイブレーションにしておき、音を出さないように。

② 着信のメロディはあまりうるさいものでなく、突然聞こえても周りがびっくりしないくらいの、音や曲にしましょう。

③ 携帯電話を気にせず、仕事に集中する
時折、携帯電話を手にずっと持っていたり、数分に1度、メールをチェックしたりする人がいますが、これはよくありません。携帯をチェックするのは、せめて、昼休みやお手洗いに行くときなどだけにしておきましょう。

---

① 工作中个人的手机最好切断电源。在日本能够使用手机的公共场所越来越少。你不能以此为由把手机撂在桌上不管，你应因把它收进办公桌抽屉。
② 利用彩铃乐曲功能时注意不要不影响他人。尤其不能让突然响起的乐曲惊动他人。
③ 心里不要总惦记着手机，应该集中精力投入工作。
有些人手里始终攥着手机，因为惦记邮件几分钟就要看一看手机画面。哪怕只是想看一眼是不是有邮件进来，也应该耐心等到午休或是上厕所的时候。

① It's best to turn off your personal cell phone at work, but this is probably difficult in Japan today. Don't leave it on your desk; put it in a drawer, etc. In that case, put your cell phone on manner mode so it won't make any noise.
② Make sure to choose a ring tone that isn't jarring to those around you in case it goes off suddenly.
③ Focus on work and not your cell phone.
Some people hold their cell phones all the time or check their messages every few minutes. Don't do this. Check your cell phone only at lunch time or when you use the restroom.

「日本人は携帯メールが大好き」

世界中で携帯電話は進化していますが、日本ほど携帯メールが進化している国も珍しいでしょう。街中で周りを見渡せば、携帯で話すより携帯メールを打っている人のほうが多く見られるくらいです。日本人は元々、人に面と向かって何かを言うのが苦手なタイプの人も多いので、手軽にタイムリーに文字で会話ができる携帯メールが、こんなに普及したのかもしれません。ただ、文字を打つだけでは雰囲気が伝わらないということで、メールをいろいろとデコレーションしてかわいくしたり、メールの背景をいろいろ選べたりと、どんどん、日本ならではの携帯技術が進んでいます。携帯メールは今や、立派な会話の一種といえるでしょう。

皆さんも、日本語を勉強したり、日本語で仕事をしたりする上で、携帯メールを使うことも多いと思います。携帯メールを使いこなせば、日本人の友人などとの付き合いももっと深くなり、日本での生活がさらに楽しくなるはずです。文法などの失敗を恐れず、どんどん携帯メールにチャレンジしてみてください。

Unit 9
社会人として、してはいけないこと

仕事をする時に、してはいけないこと、
しないほうがいいことを、考えてみましょう！

確認クイズ

第1問

朝起きたら9時を過ぎていました。どうしますか？
1…すぐに上司に電話をする
2…どうせ間に合わないから、お昼から出社する
3…急いで用意して会社に向かう

第2問

仕事上でミスしてしまいました。どうしますか？
1…そのまま、なかったことにする
2…急いで、ミスを回復する作業をする
3…とりあえず、上司に報告する

解答
第1問　1　→　① 遅刻・欠勤・外出などの連絡　参照
第2問　3　→　② ミスは必ず報告しよう　参照

① 遅刻・欠勤・外出などの連絡

上司に連絡が必要なのは、どんなときでしょうか？

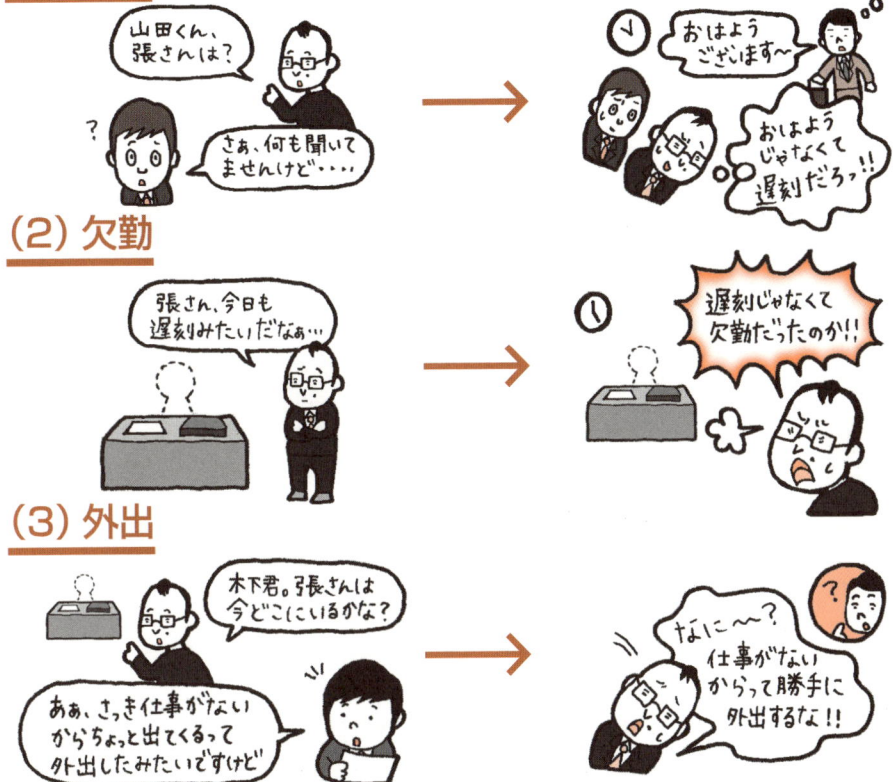

(1) 遅刻

(2) 欠勤

(3) 外出

どこがよくなかったか、わかりましたか？

ポイント

a. どんな小さなことでも、普段と違う行動をとるときは、前もって上司に伝えること。
伝え方はなるべく、携帯メールなどではなく、電話などで直接、言いましょう。

a. 工作中再小的事情，即便有必要采用一些特殊手段来处理，也应该事先征得上司同意。和上司联络不要用手机，应该用办公电话。

a. No matter how trivial, if you are going to do something outside of the ordinary, tell your boss first. Contact him directly by phone if possible and not via cell phone text messaging.

❷ ミスは必ず報告しよう

～このミス、誰のミス？～

b. 当上司问你有什么问题时，再不好张口的事情也不要隐瞒事实，应该如实汇报。有时隐瞒一个枝节问题，也会给工作带来无法挽回的损失。

b. If asked if you have any problems, don't be afraid to discuss them no matter how embarrassing. Often, hiding a mistake can cause the problem to snowball.

ポイント

b. 隠さない

何か問題がある？　などと聞かれた場合、それがもし言いにくいことでも、まずは隠さずに問題があったことを認めて、報告しましょう。一つのミスを隠すことで、問題がドンドン大きくなることも多いのです。

c. うそをつかない

自分のしてしまったミスを認めたとしても、その内容にうそをついてはいけません。全部うそなのはもちろんですが、ほとんど本当の話だけれども、非常に重要な部分だけうそをつく、という場合も同じです。何か一つでもうそをつくことで、会社に大きな損害を与えることもあるのです。すべて本当のことを報告するようにしてください。

d. 言い訳しない

皆さんの中には、それぞれの国の文化によっては、自分のミスを認めたり謝ったりすることに慣れていない人もいるかもしれません。でも、日本人を相手にしている場合、あまり言い訳ばかりしていると、それだけで印象が悪くなることも多いでしょう。言いたいことはたくさんあると思いますが、まずはミスを認めて、それについてひと言謝ったほうがいいでしょう。どうしても理由を説明したいときは、その問題が解決した後などにしましょう。

---

c. 既然承认自己有错，就不应该隐瞒事实。全部隐瞒和部分隐瞒性质一样。既然有讲真话的勇气，就不应该在任何细节上隐瞒什么。事实上往往如此，隐瞒一点都有可能给社会带来巨大的危害。对于事实，应当全面如实地汇报。

d. 国家不同，文化不同。可能有些人还不习惯承认自己的过失或因自己的过失去向别人道歉。和日本人打交道，总是找理由为自己辩护会给人留下很不好的印象，你想辩解的理由很多，但首先要承认自己有过失并为此向别人道歉。即便你有很多理由要向对方解释，你也应该等到问题解决之后去做。

c. After admitting to your mistake, don't lie about the nature of it. If you lie about an important aspect of your mistake, it's the same as lying about the entire thing. You can inflict severe losses on the company with one small lie. Please report your mistake truthfully.

d. Some of you may not be used to admitting to or apologizing for a mistake, depending on your culture. But if you make excuses, you will often leave your Japanese listener with a negative impression. There's probably a lot you'd like to say in your defense but first admit your mistake and apologize. If you have to explain yourself, make sure to do so after the problem has been resolved.

③ 勤務時間中の私用外出

私用外出 OK の場合

e. **ビザやパスポートの申請、公的な登録や更新などで、公的機関へ行く場合**

f. **家族などが突然病気になったり怪我をしたり、緊急のことがあった場合**

→これらの場合は、日本で生活するに当たって必ず必要、もしくは仕方のない外出なので、認められることが多いでしょう。ただし、もちろん、その場合は上司にきちんと内容を報告し、許可を得なければいけません。

私用外出 NG の場合

g. **買い物などの私的な用事**

h. **仕事で外へ出たついでにカフェへ行って休憩したりして、なかなか帰ってこない**

→仕事に全く関係ない私的な行動は、あまりしないほうがいいですが、どうしても時間がないとか、とても疲れて歩けない、などというときは、なるべく短い時間で用事をすませ、なるべく早く仕事に戻りましょう。

---

e. 去公共机关办理签、证护照申请手续

f. 家里有人生病、受伤、有急事需要马上处理
在日本生活和工作有时遇到特殊情况不得不请假外出，对此上司也不会不准假。但是，不管请假原因是什么你都应该事前向上司说明并征得上司同意。

g. 购物等个人私事

h. 应尽可能避免在工作时间内处理与工作无关的私事。实在没有时间或太疲劳无法行走而必须休息时，不要耽搁太长时间，休息完后要尽快返回工作岗位。

---

e. Going to a government office to apply for a visa or passport, official registration, or renewal.

f. If someone in your family suddenly falls ill, gets hurt, or has some other emergency.
You will often be allowed to take time off from work in such cases as they can't be avoided if you are to live in Japan. Of course, you must inform your boss ahead of time to get permission to take time off.

g. Shopping and other private-time activities.

h. You leave the office and stop in a cafe to take a long break.
You shouldn't stay away from the office to engage in activities totally unrelated to work. If you have no free time or are just too tired to keep walking, you can take a short break but hurry back

④ 勤務中のインターネット

仕事中に、インターネットにアクセスして業務に関連したことを調べたり、何かを検索したりしている人も、多いのでは？
パソコンを使ってインターネットをしていると、周りからは仕事をしているように見えるかもしれません。誰にも指摘されなくても、勤務中のインターネットはマナーを守って使用しましょう。

勤務中にはしてはいけないこと

i. 株などのオンライン取引
毎日の株価が気になるかもしれませんが、勤務中に取引を行うのはよくありません。

j. ネットショッピング
これは私用外出で買い物をするのと同じで、勤務時間中にしてはいけません。ショッピングは仕事が終わった後にゆっくりしてください。

k. ブログなどの更新やコメント作業
今は、多くの人がブログをしている時代です。皆さんも自分のブログを持っていたら、ふと勤務時間中にブログの更新がしたくなるかもしれません。でも、それは家ですることです。他人のブログなどにコメントを付けたりするのも同じことです。

---

i. 网上炒股
  上班时间不可以做股票交易，尽管你心里可能一直惦记着股票行情。
j. 网上购物
  网上购物和去商店购物没有什么不同，工作时间是不允许做这些事情的。购物应该安排在下班之后。
k. 博客更新、网上讨论
  网上开博客已经走入我们的生活，我们当中也许有人在网上开了博客，工作中有时或许会产生"更新一下"的念头。尽管心情可以理解，但这些事情应该安排在下班回家之后。对他人博客发表看法也是下班回家后做的事。

to the office as soon as possible.
i. On-line stock trading.
  You might be worried about daily stock trades, but it isn't good to be a day trader while at the office.
j. Internet shopping.
  Just as with personal shopping during work hours, you mustn't do this at work. Please do your shopping after work.
k. Blog updates and comments. Many people have blogs today. If you have a blog, you might want to update it at work. Don't. Do it at home. Same for commenting on others' blogs.

Unit 10

社会人らしい行動と言葉遣い

どういう行動をすれば素敵なビジネスパーソンに見えるか、考えてみましょう。

確認クイズ

第1問

病院へ行ったために少し遅刻して出勤するときは、どのように部屋に入りますか。

　　1…皆が心配しているので、元気よく入る
　　2…皆もう仕事をしているので、静かに入る
　　3…遅刻して申し訳ないので、隠れて入る

第2問

風邪で欠勤するとき、上司に電話でどのように言いますか？

　　1…「今日、ちょっと用事があるので休みます」
　　2…「すみません。ちょっと体調が悪いので、休ませていただきたいんですが……」
　　3…「風邪を引いたので、休んでもいいですか」

解答
第1問　2　→　① 社会人らしい行動　参照
第2問　2　→　② 社会人らしい言葉遣い　参照

① 社会人らしい行動

～もしも遅刻したら～

金さんの行動はどうでしたか？ とてもスムーズでしたね。
どこが社会人としてよかったか、見ていきましょう。

第一章 日本の一般マナー

第二章 日本のビジネスマナー

確認問題

どこが社会人らしい行動だったでしょう？

a. 不都合な事柄(頭痛)が起こったら、すぐに会社に連絡している
b. なぜ遅刻するか(欠勤も同じ)という理由(病院へ行く)を、きちんと伝えている
c. オフィスに入るときは静かに入室し、もうすでに仕事を始めている同僚たちに気を配っている
d. すぐに上司に問題の経過(結果)を報告している
e. 不在中に迷惑を掛けた周りの同僚に、お礼を言っている

ポイント

f. 簡潔にわかりやすくスピーディに

どんなことでも、仕事にかかわることである以上、シンプルにスピーディに進めることが重要です。これは何かを話している時も、書類を作っている時も、メモを取っている時も、すべて基本は同じです。

g. 周りの人への気遣い

人が大勢いる会社の中で働く以上、仕事はチームプレーです。いくらあなたが仕事ができる人だったとしても、人間関係がうまくいかなければ意味がありません。特に感謝の気持ちを忘れないようにしましょう。

---

a. 身体不适，如头痛时，应马上告诉公司
b. 迟到、不能上班时必须向公司讲明原因，如去医院看病等
c. 进办公室时动作、声音要小，注意不要影响已经开始工作的同事们。
d. 马上向公司汇报问题发生的经过或问题处理的结果
e. 自己离开办公岗位期间，周围同事帮自己处理了很多事情。为此特致谢意
f. 简捷明快提高效率
　事情无论大小，只要是和工作有关的事情就要高效从速处理。谈业务、做文件、作记录都要遵循高效从速这个原则。

a. Contact the company immediately if something happens to you (headache).
b. Tell the office why you are late or absent (have to go to the hospital).
c. Quietly slip into the office without bothering the others who are already working.
d. Report immediately to the boss about what happened.
e. Apologize to your coworkers for the inconvenience your absence caused.
f. Concisely clearly quickly.
　No matter what the job is, the key is to proceed simply and quickly. This is true whether you are speaking, creating docu-

② 社会人らしい言葉遣い

～欠勤するときはどう言えばいいの？～

新入社員 呉さん　課長

1. 課長、呉です。おはようございます。／あ、呉さんおはよう
2. 今日お腹が痛いので休みます／…ああそうなの？大丈夫？
3. いえ、全然大丈夫じゃありません／そう、病院は行った？／痛くて病院にはまだ行ってません／……一体どうしたの？
4. 昨日飲んだ牛乳が変なにおいがして。腐っていたみたいです。／それはそれは…お大事に
5. はい。なのでしばらく会社に行けないと思います／……
6. 私の仕事は皆さんでやっておいて下さい／……

どこが社会人らしい言葉遣いになっていなかったか、考えてみましょう。

第一章 日本の一般マナー

第二章 日本のビジネスマナー

確認問題

---

g. 为旁人着想
在很多人一起工作的公司里工作，工作中大家应当互相配合。你工作能力很强，但不能因此而忽略人际关系。不要忘记工作中大家对你的帮助。

g. Consideration of others.
If you are working in a company with many people, you must be a team player. No matter how clever you might be at your job, if you don't get along with others, your talents are meaningless. Never forget to feel grateful.

どこが、社会人らしくない言葉遣いだったでしょう?

h. 「お腹が痛いので、休みます」のように、「〜だから〜します」と言い切りの形を使っている
i. 「全然、大丈夫じゃありません」のように、後ろ向きの言葉を選んでいる
j. 「病院には行ってません」と、相手の気遣いの言葉をそこで終わらせている
k. 「会社に行けない」などの重要なことを、自分で勝手に決めている
l. 「仕事をやっておいてください」と、周りに迷惑を掛けることを堂々と言っている

では、どう言えばよかったのでしょう?

m. 「お腹が痛いので休みます」→「少しお腹が痛いので、休ませていただきたいんですが……」
休むことは決まっていても、「休みます」ではなく、「休みたいんですが」と上司に尋ねるのがポイント。

n. 「全然、大丈夫じゃありません」→「ちょっと大丈夫じゃなさそうな……」
相手は心配しているのですから、「大丈夫ではないかも」と、断言しないでおきましょう。

「病院にはまだ行ってません」→「実は、まだ病院には行ってないんです」

o. 理由の説明→「昨日、なにか悪いものを食べたみたいで……」
体調不良などの原因を説明するときは、あまり細かく説明したり報告したりする必要はありません。

p. 「しばらく、会社に行けないと思います」→「しばらく、お休みしなければいけなくなるかもしれません」
休みたくないけれど「休まなければいけないかも」というところが重要。

q. 「仕事をやっておいてください」→「皆さんにご迷惑をお掛けするかもしれません」
何かを頼むということは、誰かに迷惑が掛かる、ということを忘れずに。

---

h. 就像说"我肚子疼需要休息"那样和同事说话时生硬地使用"因为……所以……"这种强调个人意志的表达方式
i. "这还用问,问题明摆着吗!"这种呛人的话你听了感觉舒服吗?
j. 冒出一句"我还没去医院呢!"就算回答了问话。
k. 自己想不上班就不上班。
l. "今天我上不了班,活儿你干吧!"这种给别人添麻烦的话也能轻松说出口。
m. 定下来要请假,征求上司意见时要说"我有点事可以请假吗?"而不要说"我今天必须请假……"
n. 看出对方表示担心时,也不要马上下结论说"自己身体不会有问题的"。
o. 说明自己身体不好的原因时,没有必要细说详情。

h. Ends sentence by using the pattern *dakara...shimasu*, as in *onaka ga itai node yasumimasu* (I have a stomachache so I'll be absent).
i. Chooses negative words such as *zenzen, daijobu ja arimasen* (not at all, not okay).
j. Answers by repeating part of the other party's solicitation: *byoin ni wa itte-imasen* (I haven't been to the hospital).
k. Decides on his own something as important as not being able to go to work.
l. Brazenly puts others out by asking them to do his work for him.
m. Even if you know you will be absent, tell your boss that you want to take off work rather than that you will be absent.
n. Your listener is worrying about you so don't assert as fact that you aren't okay.
o. You needn't go into too much detail about the cause if you're feeling indisposed.

社会人らしい言葉遣いのポイント

r. うまくあいまい表現を使う

社会人らしい言葉遣い、ということでいうと、日本語の場合、「あいまい表現」をうまく使えれば、怖いものはありません。これが使えるかどうかで、同じ内容のことを言っていても、相手のあなたに対する印象は、かなり違ったものになるでしょう。

例）「困ります」→「困るんですが……」、「わかりません」→「わかりかねます」

s. 前向きな言葉を使う

同じ物事を話すのでも、前向きなプラスの言葉を使うのと、後ろ向きな言葉を使うのとでは、印象が大きく違います。なるべくポジティブな言葉を選んで話すようにしましょう。指示を受けるときなども同じです。

例）「できません」→「努力してみます」、「自信がありません」→「頑張ります」

t. 順序よく話す

仕事上の会話はわかりやすいことも重要です。でも、皆さんにとっては外国語である日本語でわかりやすく話すことは、とても大変なことだと思います。
そんな時は５W３Hを思い出しながら話してみてください。

5W		3H	
When	いつ	How	どのように
Where	どこで	How many	いくつで
Who	誰が	How much	いくらで
What	何を		
Why	なぜ		

---

p. 表达出自己本来不想请假却不得不请假的遗憾心情很重要．

q. 求人办事本身就是给人添麻烦，这一点一定要牢记在心里．

r. 学会婉转表达意见
学会成人表达方式是很重要的，掌握了日语含糊其辞的表达方式你会畅通无阻。说明同一件事情，是否能够婉转表达意见，无疑会直接左右别人对你的印象。

s. 用积极向上鼓舞斗志的语言表达自己的意见
讲述同一件事情，用积极向上的词汇来表达还是用消极泄气的词汇来表达，给人带来的感觉完全不同。你应该尽可能选用明快的词汇，接受上司安排工作时更应如此。

t. 注意叙事次序
工作中语言交流应简明易懂。我想，对大家来讲，用母语以外的语言日语来简明表达自己的意见是一件相当困难的事情。 每当此时，请你想一想5个W和3个H，然后再慢慢陈述。

p. The idea is to convey that you don't want to be absent but that you have to be.

q. Don't forget that you are putting someone to trouble by asking a favor.

r. Using vague expressions well.
In adult Japanese society you have nothing to fear if you master vague expressions. Impressions about you will vary drastically depending on how well you learn this technique.

s. Use positive expressions.
Impressions vary greatly depending on whether you use positive or negative expressions. Try to use positive expressions, including when receiving directives.

t. Speak logically.
It's important to speak intelligibly at work, although this is certainly not easy since it isn't your native language. Try using the five Ws.

第二章 日本のビジネスマナー

Unit 11

名刺

名刺はあなたのもう一つの顔です！
印象よく相手に渡しましょう！

確認クイズ

第1問

名刺を相手と同時に交換するときは、自分の名刺はどちらの手で持ちますか？
　　1…右手
　　2…左手
　　3…両手

第2問

名刺をもらった相手の名前がよく聞き取れなかったら、どうしますか？
　　1…もう一度聞くのは失礼になるので、後で自分で漢字を調べる
　　2…その場は名前を呼ばなくてもすむようにして、後から自分の上司に聞く
　　3…相手にもう一度確認する

解答
第1問　1　→　①−(3) 同時交換　参照
第2問　3　→　①−(4) 名刺をもらった後の移動　参照

---

a. 递交名片时，名片递交的方向应该正好是对方能够阅读名片内容的方向。

b. 无法越过会议桌时，一般需要走到对方旁边递交名片。

c. 名片是对方一直保存的卡片，卡片上不能有令对方产生不快的内容。

a. Hand your business card to the other person so that your name is readable right-side up.

b. Sometimes you will have to hand your business card over a table, but it is best to stand next to the person when doing so.

c. When you give someone your business card, he keeps it. Make sure your card isn't displeasing.

1 名刺を交換する

(1) 渡す

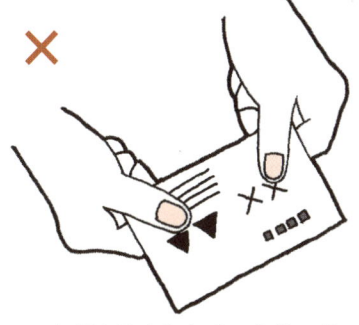

a. 名刺を渡すときは、自分の名前が相手にちゃんと読めるような向きで渡しましょう。

b. 仕方なくテーブル越しに渡すときもありますが、基本は、相手のそばまで行って渡しましょう。

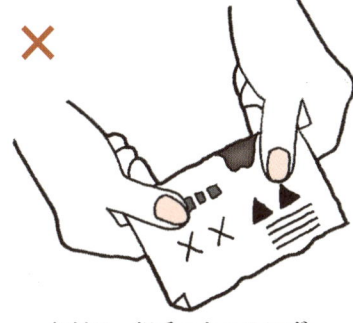

c. 名刺は、相手のところにずっと残るものです。相手を不快にさせない名刺を渡しましょう。

(2) 受け取る

d. 名刺をもらうときは両手で。どうしても片手でしか無理なときは「片手で失礼します」とひと言、言いましょう。

e. 相手が立って自分のそばまで来てくれたときは、必ず立って受け取りましょう。

f. 名刺をつまむように受け取るのは、相手の名刺が汚いような印象を与えるので、やめましょう。

---

d. 接対方名片时要伸出双手来接，不得已只能用一只手接的时候，要向对方强调一句"对不起,不得已,只能用一只手来接您的名片"。

e. 对方站起身走过来递名片时自己一定要站起身来接。

f. 接名片后要把名片稳稳地拿在手里，不要给对方留下嫌对方名片不干净的印象。

d. Accept a business card with two hands. If you have to use only one hand, apologize with *katate de shitsurei shimasu* (sorry to use one hand).

e. If the other person stands and comes up next to you, stand up to accept the business card.

f. Don't pinch the card between your fingertips when accepting it; you'll give off the impression that it's dirty.

73

（3）同時交換

NG編

✗1 g. 取引先の応接室で。座っていたらお客様の方から名刺交換に来た。

✗2 h. あわてて立ち上がって、尻ポケットから名刺入れを出した。

✗3 i. 左手で名刺を持って、お客様より上の位置に差し出した。

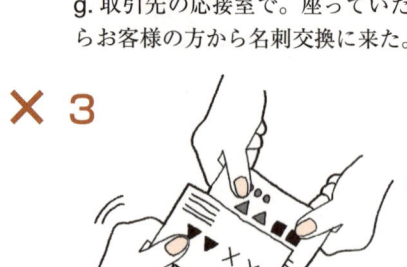

✗4 j. 右手の親指と人差し指で名刺の真ん中をバシッとつまんで受け取った。

問題

どこがマナー違反か、わかりますか？　考えてみてください。

◆ 名刺交換は、誰からするのですか？
◆ 名刺入れは、どこに入れるのですか？
◆ 自分の名刺は、どちらの手で渡すのですか？
◆ 相手の名刺は、どうやって受け取るのですか？

次のページで正解を見てみましょう。

---

g. 在客户接待室。刚刚坐在椅子上，客户就过来交换名片。

h. 急忙站起身，从屁股兜掏出名片。
i. 左手持名片从客人上方位置递过去。

j. 用右手拇指和食指抓着名片中央接了过来。

k. 在客户接待室。客人一进来，马上站起身。

l. 亲自走到客人身边从上衣口袋里拿出名片递给客人。

m. 准备接对方名片时，右手拿着自己的名片，左手做好接名片的准备。

---

g. At the customer's reception room. The customer came to exchange business cards while you were sitting.

h. You hurriedly stand up and pull a card out of your rear pocket.
i. You hold the card in your left hand and hand yours over at a more elevated level than the customer's.

j. You pinch the middle of the customer's card with the thumb and index finger of your right hand.

k. At the customer's reception room. The customer comes in so you immediately stand up.

l. You go stand next to the customer and pull your card out from the pocket of your jacket.

m. You give the customer your card with your right hand as you ac-

OK 編

○1 k. 取引先の応接室で。お客様が入ってきたので、すぐに立ち上がる。

○2 l. 自らお客様のそばへ行って、上着のポケットから名刺を出して差し出す。

○3 m. 右手で自分の名刺を持って、お客さまの名刺を、左手で受けるような形にして受け取る。

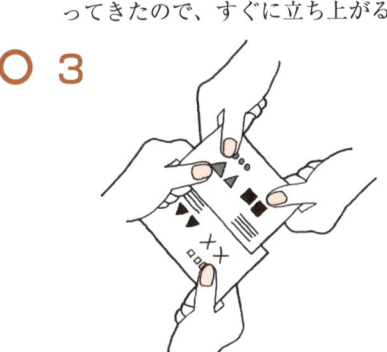

○4 n. 名刺の端のほうを左手で受けとったら、右手を添えて両手で持つ。

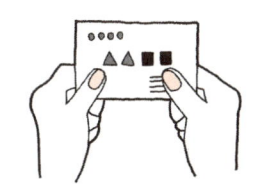

ポイント

o. 取引先の会社を訪問したときは、自分から先に名刺を出そう。

p. 名刺は自分の分身でもあるので、お尻のポケットに入れないように。相手にも失礼になります。

q. 自分の名刺は「右手」で持って渡す。

r. 相手の名刺は、左手で受けてからすぐに右手を添える。

---

n. 左手拿着名片一端，右手跟上来拿着名片另一端，这是双手接对方名片的过程。
o. 拜访客户公司时，自己要先递上名片。
p. 名片代表自己的身份。不要把名片放在屁股兜里，这样也不尊重对方。
q. 右手拿着自己的名片递向客户。
r. 接对方名片时，先用左手接过来，然后马上用右手抓住另一端。

n. You take the card, of which you were holding one edge with your left hand, and shift evenly to both hands.
o. When visiting a customer, give your business card first.
p. Your business card is your alter ego. Do not keep it in your rear pocket; it's rude.
q. Hand your business card over with your right hand.
r. As soon as you take the other person's card with your left hand, shift to both hands.

（4）名刺をもらった後の行動

～名刺をもらったのはいいけれど……～

難しい名前のお客さまでしたね。カーンさんはよくがんばりました。

ポイント

- s. 聞き取れなかったお客様の名前を確認することは、恥ずかしいことではありません。
- t. 名刺に書かれた漢字の読み方を聞いても、もちろん大丈夫です。「漢字がまだあまり得意ではないので……」などと正直に言えば、誰でも親切に教えてくれるはずです。
- u. 間違った名前を覚えたり、呼んだりすることが、いちばん失礼になります。
- v. たくさんの名刺をもらったときなど、名前を覚えることはできませんから、机の上に並べて、その都度、名前を確認しましょう。

名刺入れを持とう！

名刺入れは自分の顔でもあります。相手に汚れたり折れたりしたものを渡すのは、顔を洗っていないときにお客様に会うようなものです。美しい名刺をいつでも差し出せるように、名刺はきちんと名刺入れに入れて保管しましょう。でも名刺入れは毎日持っているけれど、中に名刺が入っていなかった！　ということにならないように、チェックするようにしましょう。

- s. 没有听清对方的名字不是什么丢脸的事情。
- t. 问一问对方名字汉字的读音是完全可以的。问的时候如果能够谦虚一句"汉字我掌握的不好……"。无论谁听了这样的话都会热情地告诉你自己名字的读音。
- u. 名字记错，称呼错对方的名字是最失礼的事情。
- v. 即便一下接过来很多名片，也不能把人名弄错。把名片放在桌子上需要称呼客人名字时仔细确认一下。

- s. It's not embarrassing to verify the customer's name if you didn't catch it.
- t. Of course it's all right to ask how to read the kanji on the card. If you honestly admit that you still aren't very good at kanji, anyone would be happy to tell you the readings.
- u. What's most rude is to memorize the name incorrectly or call the person by the wrong name.
- v. You can't memorize all the names when you receive a lot of business cards, so line them up on your desk and check them each time.

Unit 12

接客・訪問

ビジネスとは直接関係ないと思うかもしれませんが、
これができれば確実に印象アップ！

確認クイズ

第1問

来客を案内するときは、どうやって歩くのがいいでしょうか。

　　1…相手の真後ろを歩く

　　2…相手の右隣を歩く

　　3…相手の斜め前を歩く

第2問

日本茶の出し方は、どうするのがいいでしょうか。

　　1…片手でお盆を持って、片手でお茶を出す

　　2…上座に座っている人から出す

　　3…社内の人から出す

解答
第1問　3　→　①－(1) 出迎え　参照
第2問　2　→　①－(5) お茶の出し方　参照

---

a. 迎接客户前请检查一下自己的衣装服饰。坐在自己的办公桌前长时间工作穿戴的衣服不可能太整洁。

b. 迎接约定来访的客户时，为了向客人表示欢迎，应直接称呼客人名字或"○○先生"，不要让客人感到紧张。

c. 客人来了之后现找接待房间非常不妥，应事先订好房间记住房间号。

a. When welcoming a customer, check your appearance. It's easy to end up looking slovenly when working at your desk.

b. When greeting a customer who is visiting your company, make him feel relaxed by calling out his name in a welcoming way (use *sama* after his name).

c. It's not good to begin looking for a room for your customer after his arrival. Arrange a room ahead of time and verify the room number.

① 接客

(1) 出迎え

a. お客さまを出迎えるときは、自分の身だしなみをチェックしてください。自分のデスクで仕事をしているときは、どうしてもだらしない格好になっていたりするものです。

(吹き出し:「こちらへどうぞ」)

b. 訪問予定のあるお客さまを出迎えるときは、「〇〇様」と名前を呼んだりして歓迎の気持ちを表して、相手をリラックスさせてあげましょう。

(吹き出し:「中川様、お待ちしておりました。」)

c. お客さまが来てから入ってもらう部屋を探すのは、よくありません。事前に予約し、部屋の番号などもきちんと確認しておくようにしましょう。

(吹き出し:「こちらです。どうぞ」)

(2) 部屋への案内（歩く位置）

d. 真ん前を歩くと、お客さまの邪魔にもなるし、お客さまがついて来ているかも確認しづらいので、あまりよくありません。

e. 真横を歩くことは、お客さまと対等という意味にもなるので、失礼な場合もあります。部屋へ行く途中では、あれこれサービスで雑談する必要はありません。

f. お客さまの斜め前が、お客さまも歩きやすいし、お客さまの様子もよくわかる位置です。お客さまの歩く速度に合わせて歩くようにしましょう。

---

d. 走在客人正前方会给客人带来不便，客人跟在身后又很可能什么都看不清，这一点应该引起注意。

e. 走在客人旁边意味着自己的身份和客人对等，这是很失礼的事情。去接待房间的途中应尽可能给客人提供相应服务，不要和客人闲谈。

f. 行走在客人的侧前方既可以观察客人神情也不影响客人行走。应尽可能按照客人步行的速度行走。

---

d. It's not good to walk directly in front of the customer because you will be in his way and it will be difficult to check if he is following you.

e. Sometimes it is rude to walk alongside the customer because it means you are of the same rank as he is. There's no need to chat about all and sundry on the way to the room.

f. It's easiest to walk at an angle in front of the customer and it also makes it easy to keep track of him. Try to pace yourself to match the customer's walking speed.

(3) ドアの開け方

g. ドアには、押して開けるものと引いて開けるものがあります。引いて開けるドアは、普通に開けてお客様に先に入室してもらえばいいのですが、押して開けるものの場合、迷いますね。この場合は、ドアがお客さまに当たったりすると失礼ですので、自分が先に入ってドアを押さえておきましょう。

(4) 座席の案内

h. 左側に立っている人に話すのに左手を使うと、相手に少し背中を向けることになるので、印象があまりよくありません。右手全体で場所を示しましょう。指は指さないようにしてください。

---

g. 屋门有推开式的门和拉开式的门两种。拉开式的门直接把门拉开请客人进屋就可以了。推开式的门不太好处理。这时如果让客人撞在门上非常失礼。自己应该先进屋把门推开请客人进屋。

h. 和站在左边的人讲话时，如果用左手指示方向，自己的后背会挡着对方视线，对方肯定不高兴。这时应该用整个右手来示意所在位置。不要用食指指示方向。

g. Some doors are to be pushed open and others to be pulled open. You can easily pull open a door to let a customer into a room, but it's more complicated when the door is to be pushed open. It would be impolite if the door hit the customer so go in first and keep it open for him.

h. If you use your left hand as you stand on the left side talking, you will be turning your back slightly to the customer, leaving a poor impression. Indicate the place with your right hand and don't point.

(5) お茶の出し方

～日本茶の正しい出し方～

日本茶を出したことがなくても、とりあえず知識として知っておけば安心ですね。

ポイント

i. 茶碗は、直前まで茶たくには載せません。
j. お盆を持ったままテーブルにお茶を出すことは、なるべくしないように。
k. 上座の人から、お茶をお出しすること。

---

i. 茶杯直接拿到客人面前，不要垫茶托。
j. 尽可能不要一只手托着茶盘另一只手给客人上茶。
k. 从上手位置向下手位置依次倒茶。

i. Don't put the teacup on the saucer until the last minute.
j. Try to avoid serving tea while still holding the tray.
k. Serve tea starting with the seat of honor.

② 訪問

〜取引先への初訪問〜

この中にダメなところがあります。どこがダメだったでしょう？

ポイント

l. 遅刻するときは、約束の時間の 10 分前までには連絡を入れること。どんなに急いでいても、到着したときは、自分の身だしなみをチェックしましょう。
m. 案内されている時は、やたらと話したりしないこと。
n. コートは、受付に行く前に脱いでおくこと。
o. 勝手に座らずに、「こちらでお待ちください」などと、ひと言言われてからにするほうがいいでしょう。
p. 灰皿があっても、タバコは吸わないこと。
q. 携帯電話は、電源を切っておくか、必ずマナーモードにしておくように。緊急の用件以外は、取引先で別の電話には出ないこと。
r. 出されたお茶は飲んでも構いませんが、「失礼します」とひと言、言ってから頂きましょう。

訪問後のお礼

取引先への訪問がうまくいっても、そこで気を抜かずに、会社に帰ってから、お礼のメールなどを相手に送っておくとよりいいでしょう。「本日はありがとうございました」「今後とも、どうぞよろしくお願いいたします」など、簡単で短い文章でいいので、何日も経ってからではなく、翌日くらいまでに送るのがベストです。

---

l. 预计可能要迟到。要在约定时间 10 分钟以前通知对方。无论怎么着急，见人之前都要再检查一遍自己的衣着。
m. 对方接待自己进屋时，不要和对方说闲话。
n. 外套在走到接待处之前要脱掉。
o. 不要随便坐下，听到对方说"请您在此稍等"之后再坐不迟。
p. 摆放着烟灰缸也不要吸烟。
q. 手机要关掉电源或将手机设定为"振动呼叫功能"，除特殊急事以外，不能在客户面前接别的电话。
r. 可以喝对方给自己倒的茶，喝之前要说"对不起……"、"谢谢……"。

l. If you are going to be late, contact the person ten minutes ahead of the scheduled meeting time. No matter how rushed you are, check your appearance by the time you arrive.
m. When you are being shown in, don't engage in chatter.
n. Take off your coat before you arrive at the reception desk.
o. It's probably best not to sit down until someone tells you where to wait.
p. Don't smoke even if there is an ashtray.
q. Either turn off your cell phone or set it to manner mode. Don't answer the phone at a customer's unless it is an emergency.
r. You can drink the tea you are served, but only after you say *shitsurei shimasu*.

Unit 13

接待・会食

お客さまと食事をするなんて、緊張しますね。
でも、これさえ知っていれば大丈夫！！

確認クイズ

第1問

食事中にしてはいけないことは？

1 … 茶碗を持ち上げて食べる
2 … お皿をテーブルに置いたまま食べる
3 … お箸をフォークのように食べ物に刺す

第2問

お酒の勧め方で正しいのは？

1 … 何も言わずに、相手のグラスにどんどんお酒を注ぐ
2 … ビール瓶は両手で持つ
3 … お酒はグラスいっぱいに注ぐ

解答
第1問　3　→　①－(1) マナー違反に見える行動　参照
第2問　2　→　②－(2) すすめ方　参照

① 食事の席で

(1) 日本人から見るとマナー違反に見える行動

a. 茶碗（ご飯・みそ汁）を置いたまま食べる

茶碗を手に持って食べることがマナー違反の国もありますが、日本では、ご飯やみそ汁のお椀は手に持って食べます。

b. 貧乏ゆすりをする

緊張するとつい座っている膝を上下に細かく動かす癖のある人もいますが、これは「貧乏ゆすり」と呼ばれていて、好ましいものではないので、食事中もそれ以外でも、やめておきましょう。

c. 食べ物をお箸で突き刺す

食べ物にお箸を突き刺すのは、日本ではマナー違反とされています。お箸を上手に使うのが難しくても、フォークのように食べ物に突き刺してはいけません。

---

a. 手不动饭碗吃饭
把饭碗端在手里吃饭不附和一些国家的习惯。而日本人吃饭饭碗是要端在手里的。

b. 抖动小腿
有些人一紧张，坐在椅子下的腿往往会失控地抖起来。日本人认为越抖越穷，十分反感。吃饭时也好，其它场合也好，请不要这样抖动。

c. 用筷子扎食物
在日本用筷子扎食物被视为没有教养。即使筷子的使用方法掌握得不好，也不要用筷子扎食物。

a. Eating with the bowl (rice or miso soup) on the table.
In some countries it is impolite to pick up a bowl to eat from, but in Japan rice and miso soup bowls should be held while eating.

b. Jiggling legs nervously.
Some people can't help when seated but jiggle their knees up and down if nervous. This fidgeting is not desirable; don't do it when eating or at any other time.

c. Stabbing food with chopsticks.
It is considered bad manners in Japan to stab food with chopsticks. Even if using chopsticks is difficult, you can't stab food with them as if they were a fork.

(2) 食事中にしてはいけないこと

d. 食べ物を噛むときに口を開けると、「くちゃくちゃ」と音がすることがありますが、この音は、一緒に食べている人を不快にさせます。話しながら食べたりする場合は、注意しましょう。

e. 体から自然に外へ出る生理現象は抑えなくてもいい、という考えの人もいますが、あまり堂々とゲップをするのは、控えたほうがいいでしょう。

f. 目の前で鼻をほじられたら、日本人は目のやり場に困ります。周りの迷惑にもなるので、人前で鼻をほじったりしないようにしましょう。

食事中のたばこについて

今、日本では食事中にたばこを吸えない場所が増えてきています。喫煙・禁煙席が分かれているレストランが多いのはもちろん、最近では、ランチタイムは店内すべて禁煙というお店もあるくらいです。ですから、たばこを吸いたい人は、きちんと、吸ってもいい場所で吸うようにしてください。

---

d. 食物放进口中咀嚼，每一次张嘴都发出卡叽卡叽的声音，这种声音会使一起吃饭的人感到不快，边吃边说的时候要特别注意。

e. 有些人认为，因生理现象从身体中自然发出的声音没有必要去刻意控制，但类似打嗝这种现象最好还是设法控制一下。

f. 日本人非常讨厌别人在自己面前挖鼻孔。想一想周围人会怎样想，还是不要在人眼前挖鼻孔。

d. If you chew with your mouth open you will make a chomping sound that is unpleasant to those who must dine with you. Be extra careful of this when talking while eating.

e. Some people may think it is fine not to suppress physiological emissions that flow from the body, but please refrain from blatantly belching.

f. If you pick your nose in front of others, Japanese won't know where to focus their attention. It's a disgusting habit that shouldn't be done in public.

❷ お酒の席で

(1) 飲み方

> ヒルマンさんどうぞー
> あ、頂きます
> どんどん飲んで下さいねー
> あ、ほんと少しで結構です

g. お酒を勧めるときは「どうぞ」、飲むときは「いただきます」と言えばOK！

h. 自分が飲める量まで注がれたら、「もう結構です」「ありがとうございます」などと言うと、そこまでにしてもらえます。

(2) すすめ方

> あの、どうぞ……
> あ、どうもどうも

i. お酒を勧めるときは、必ず、酒瓶は両手で持ちましょう。ラベルが上を向いていると更に完璧(かんぺき)です。

j. 相手がグラスを持ったら、ゆっくりお酒を注ぎましょう。ビールの場合は、泡がグラスから溢れないように注意します。

---

g. 劝人喝酒时说一句"请喝酒"。自己喝之前说一句"承蒙款待，谢谢"。

h. 别人给自己倒酒时，倒到自己酒量的位置时应边说边阻止"行了，我也就喝这么多！""谢谢"。

i. 劝酒时，要用两只手握着酒瓶，酒瓶上的标签要朝上。这是一种有修养的劝酒方法。

j. 如果对方举着酒杯，你应该慢慢给对方倒酒。倒啤酒的时候注意别让泡沫溢出。

g. It's OK to offer alcohol with a *dozo*, and to drink after saying, *itadakimasu*.

h. When an amount of alcohol is poured that you feel is all you want to drink, say *mo kekko desu* or "thank you," and the person pouring will stop.

i. Pour alcohol by holding the bottle with both hands. Keeping the label on the upper side of the bottle while pouring makes your pouring picture perfect.

j. Pour slowly while the other party holds his glass. Make sure to avoid letting the foam overflow in the case of beer.

(3) 乾杯

～飲めない僕の乾杯!～

(漫画: お酒が飲めない王さん、お酒は飲めるけど飲まないスミスさん、課長、部長、同僚)

1. では皆さん、今期もお疲れ様でした。カンパーイ！
2. 王さんもう飲んだの？お酒強いんだねぇ／いえ、そうじゃないんですけど…
3. スミスさんは全然飲んでないけど？／あ、私お酒は飲まないんです
4. 王さんもっと飲んで飲んで！カンパーイ!!
5. スミスさんもちょっとぐらい飲んでよ～／いえ、結構です
6. 2時間後…

王さんとスミスさん、それぞれのお酒の飲み方をどう思いましたか？

ポイント

k. 日本式の「乾杯」は、「カンパイ！」と言っても全部飲み干す必要はありません。少ししか飲んでいなくても、全く問題ないのです。
l. お酒が弱いときは、無理して飲まなくても構いません。でも、断るときは「私はお酒を飲みません」のようにあまりはっきり言わず、「お酒が弱いので……」などと言いましょう。
m. 上司などにお酒を勧められたときは、一応「ありがとうございます」とグラスに注いでもらって、飲まなくてもいいので、グラスに口をつけましょう。
n. あまりたくさん飲んで酔っ払わないように。
o. 飲んだ次の日に、会社に遅刻してはいけません。

女性がお酌をすることについて

日本では、女性が男性にお酒を注ぐ（お酌をする）ことをよしとする考えがあり、こうした習慣は、最近だいぶなくなってはきましたが、会社によっては、それがまだ当たり前になっている所もあります。新入社員や女性社員は、お酌をするように注意されたりする場合もあるでしょう。もしも、上司や先輩から、接待や会食のときにお客さまなどにお酌するように言われたら、皆さんの国の習慣と違って戸惑うこともあるでしょうし、少し嫌だと感じるかもしれませんが、男女差別というよりはただの習慣なので、あまり深く考えなくてもいいでしょう。

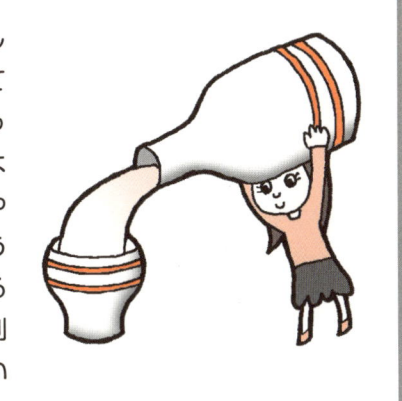

---

k. 日本式干杯并非因为说了干杯就必须把酒杯里的酒全部喝干。哪怕只喝一点，也不会有谁责怪你。
l. 不胜酒力，完全不必勉强自己。对方非要让自己喝，不要直截了当地说"我不喝酒"，而要婉转地说"我不会喝酒……"。
m. 上司来劝酒时，说一句"谢谢"，再请上司给自己倒酒。不喝没有关系，但要把酒杯放到嘴边做做样子。
n. 注意不要喝得太多醉倒。
o. 头天喝过酒，第二天绝对不能迟到。

k. In Japan there is no need to empty your glass when everyone says, "Bottoms up!" It's perfectly fine to take only a sip.
l. If you can't drink, you don't have to. When you turn down alcohol, instead of saying directly that you can't drink, just say, "I get intoxicated easily."
m. If your boss pours you a drink that you don't want, thank him and put the glass to your lips without drinking.
n. Don't drink so much that you become inebriated.
o. You aren't too be late to work the day after you go out drinking.

Unit 14 席次

どこに座ればいいのか、
決まりがあるなら知っておきたいですね！！

確認クイズ

第1問

上司や取引先の人と4人でタクシーに乗ったとき、あなたはどこに座りますか？
　1…助手席
　2…後部座席のいちばん右
　3…後部座席の真ん中

第2問

上司や取引先の人とエレベーターに乗るとき、あなたはどうしますか？
　1…左奥隅で、邪魔にならないようにしている
　2…お客さまを守るように、ドアの真ん前に立つ
　3…操作盤の前に立って、階数ボタンなどを押したりする

解答
第1問　1　→　③ タクシー　参照
第2問　3　→　⑤ エレベーター　参照

どこに座る（立つ）のが正しいでしょう？クイズ！

a. イラストを見て、上座から順番に1、2、3……と、席次を書いてみましょう。1がいちばん偉い人が座る席、というふうになります。誰がどこに座る（立つ）といいか、考えてみてください。

① 応接室

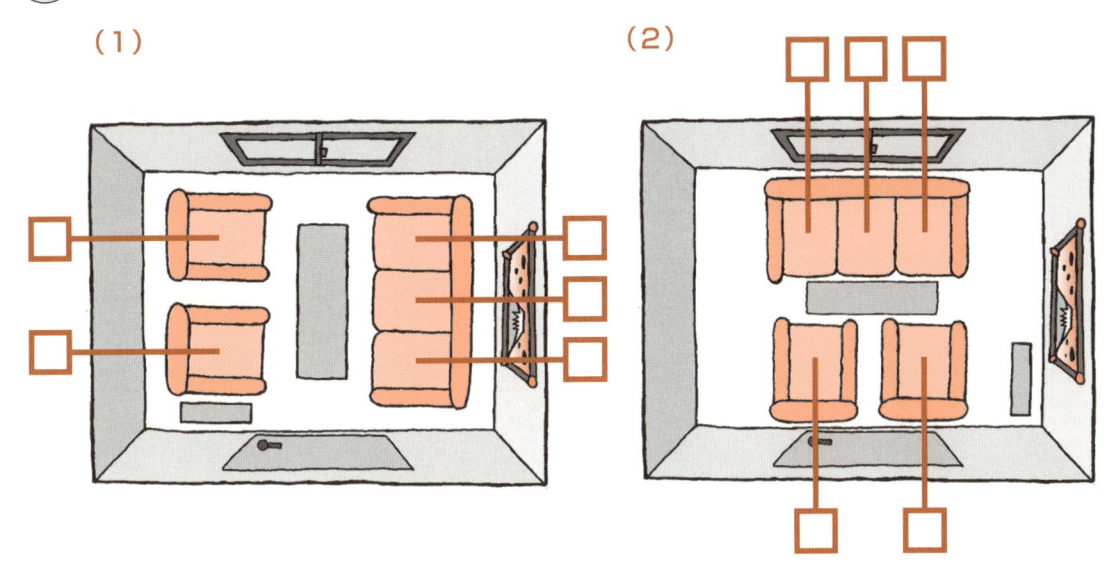

（1）

（2）

問題

b. 部屋に置いてあるソファの並び方が違うと、席次はどう変わるでしょう？　それも考えて、□の中に順番に数字を書いてみてください。

---

a. 请你看着插图按顺序用阿拉伯数字标出上手、下手座位位置。毫无疑问，坐在1号位置的人身份最高！请你考虑一下，应该怎样给大家安排座位位置呢？

b. 办公室里沙发摆放位置不同，上手、下手位置不同。沙发位置变换以后应该怎样判断上下手位置呢？你能在心里默念出上下手位置的顺序吗？

a. Look at the illustration and write in the numbers for seat ranking, starting with the seat of honor (1). Think about who should sit or stand where.

b. Think about how the seating order changes when the chairs are rearranged. Try filling in the numerical order in the diagram.

② 会議室

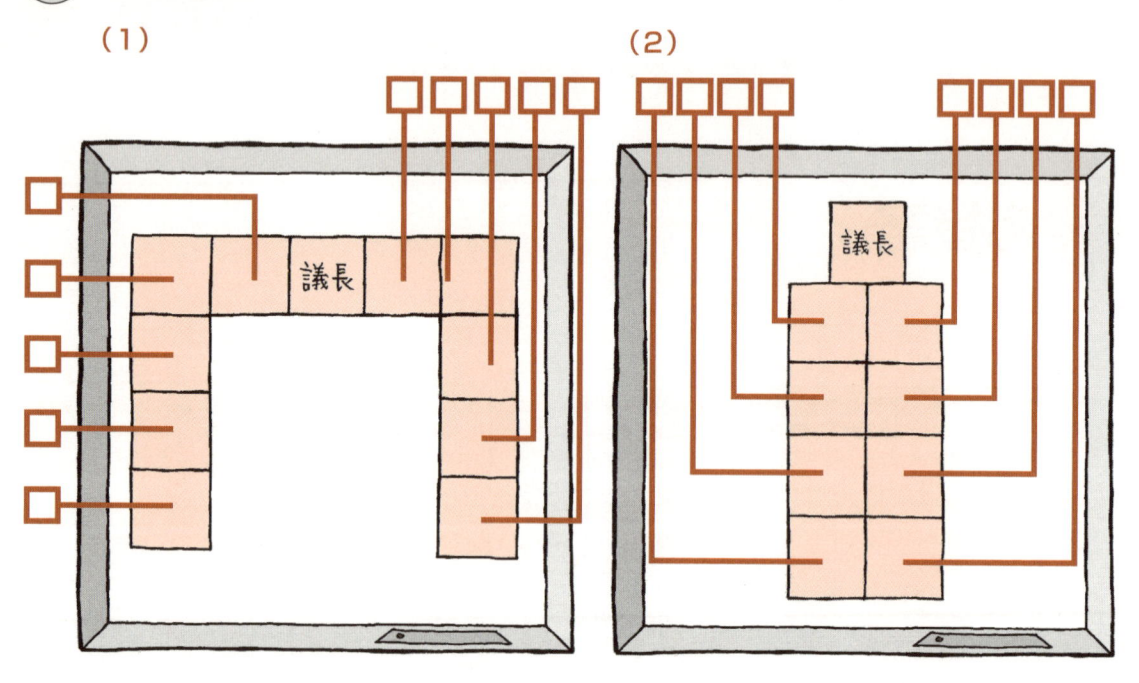

(1)　　　　　　　　　　　(2)

問題

c. 最近は、会議室にもいろいろな形がありますが、ルールは同じです。上座はどこでしょうか？　1から順番に数字を書いてみましょう。

c. 最近会议室桌椅沙发常变样。规矩都是一样的，上手位置在哪里呢？请你按顺序用阿拉伯数字把上下手位置写出来。

c. There are all different styles of conference rooms today, but the rules are the same. Where is the seat of honor? Try filing in the numerical order beginning with number 1.

③ タクシー

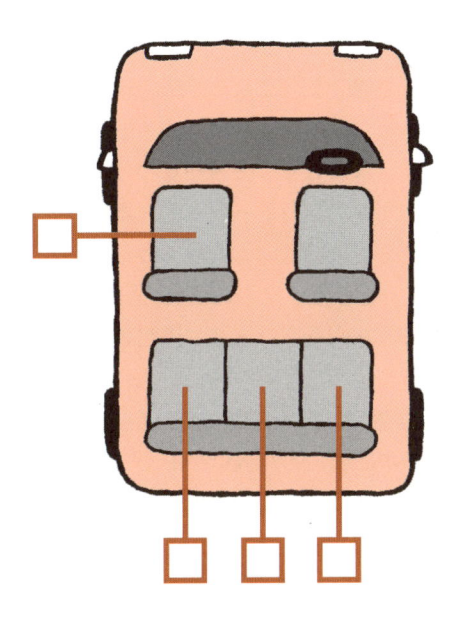

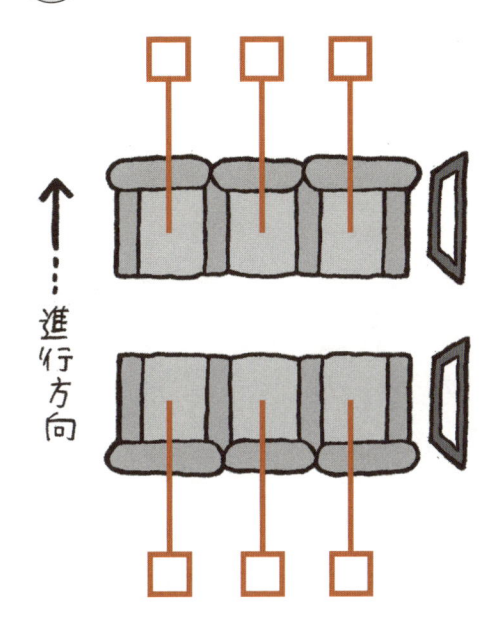

④ 列車

← 進行方向

問題

上座から順番に数字を書いてください。

ポイント

d. 乗り物も席順に決まりはありますが、人それぞれ好みがありますので、聞いてみるのも一つの方法です。でも一応、基本の席次を知っておくと安心ですね。

d. 交通工具也有上手、下手位置之分，每个人都有自己喜欢坐的位置，最简单的方法就是张口问一问别人想坐哪儿。如果知道上下手位置那当然是最好不过的。

d. There are also rules for seating in vehicles, but people have their individual preferences, so try asking. Of course, it's safest to know the basics.

⑤ エレベーター

エスカレーターでは
どっちに立てばいいの？

皆さんの国では、エスカレーターに乗るときはどちらに立ちますか？　日本はなぜか、地域によって立つ位置が変わります。東京方面はエスカレーターの左側に立ち、右側を、急いでいる人が歩けるように空けておきます。でも、大阪方面は、右側に立ち、左側を空けます。東西で分かれているというわけでもなく、九州の福岡などは東京と同じで左側に立ちます。日本の中でもこんな違いがあるなんて、面白いですね。あなたの住んでいる日本の都市では、左側に立ちますか？右側に立ちますか？エスカレーターに乗るとき、チェックしてみてください。

問題
上座から順番に数字を書いてください。

ポイント
e. エレベーターは、社内、社外いろいろな人が同時に使うので、なかなか思いどおりの位置に乗れることはないかもしれませんが、原則さえ知っていれば応用できますね！

---

e. 乘电梯的人既有公司内的人也有公司外的人，有时可能找不到一个合适的位置，但只要记住一些约定，你就不会感到为难。

f. 接待室里离门最远的位置是上手座，相反离门最近的位置是下手座，记住了吗？

g. 会议室里主持会议的人在场时，离会议室门口最远、在会议主持人旁边的位置就是上手座。

e. Many people from both inside and outside the company use the elevator at the same time so it might be difficult to secure the place you want, but if you know the rules, you'll be able to apply them.

f. Remember that the seat farthest from the door of the reception room is the seat of honor and the nearest is reserved for the lowest in status.

g. When a chairman is present in the conference room, the seat next to the chairman and farthest from the door is the seat of honor.

解答

1. 応接室

(1) (2)

f. 応接室では、入り口からいちばん遠い所がいちばん上座、と覚えます。逆に、いちばん下座は入り口にいちばん近い所です。

2. 会議室

(1) (2)

g. 会議室では議長がいる場合は、議長の隣で入り口から遠い所が上座です。

3. タクシー

h. タクシーは、運転手の真後ろが上座。この位置がいちばん安全だといわれています。助手席は下座。料金を支払ったり道順を説明したりと、動きやすい位置ですね。

4. 列車

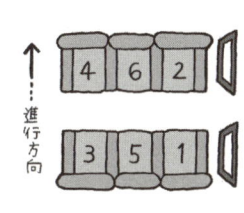

i. 列車は基本的に、進行方向に向いている席が上座です。後は窓際(奥)も上座に当たるので、いちばんの上座は、窓際いちばん奥の進行方向に向いている席、となります。

5. エレベーター

j. ドアを開けたり、いろいろな操作をしたりしなければいけないので、下座の人は操作盤の前に立つのが原則です。

---

h. 出租车上司机的正后方是上手座。因为这个位置最安全。司机助手席是下手座。因为支付公路费、给司机做向导时这个位置活动起来最方便。

i. 乘坐电车时，面向列车前进方向的位置是上手座。靠窗户一侧的位置也是上手座。最好的、最上手的位置是既面向列车前进的方向、又靠近窗户。

j. 必须随时开关车门和做各种操作的位置当然是下手座。下手座位置的人站在操作盘前是理所当然的。

---

h. In a taxi, the seat right in back of the driver is the seat of honor; it's the safest spot. The passenger seat is for the lowest social rung as it facilitates paying the fare, giving instructions, etc.

i. Generally, in a train the seat facing the direction of motion is the seat of honor. The window seat (inside) is also the seat of honor so the highest-rung seat is the window seat facing the direction of motion.

j. As a rule, the lowest-status person stands in front of the control panel because the door has to be opened or various operations done.

Unit 15

電話応対

あなたの電話の応対で、会社の印象まで決まってしまいます。
顔が見えないので、十分に注意しましょう。

確認クイズ

第1問

電話がかかってきたら、どうすればいいでしょう？
　　1…10コール以内に出る
　　2…日本語に自信がないので、ほかの人が出るのを待つ
　　3…3コール以内で出る

第2問

内線電話がかかってきたときの対応で、おかしいのはどれでしょう？
　　1…「はい。営業部です」
　　2…「おはようございます。ABC産業でございます」
　　3…「人事課でございます」

解答
第1問　3　→　① 電話応対の基本　参照
第2問　2　→　② 外線・内線　参照

---

a. 为了便于大家使用电话机，电话机周围要保持清洁，电话机旁须有记录用纸。

b. 接电话时,电话铃声鸣响三声内一定要接听。不能马上接听电话时，拿起话机要马上说"让您久等了"。

c. 拿起话机首先要明快地报出公司全称。能否做到这一点将直接影响公司形象。

a. To ensure being able to answer the phone quickly keep the area clean and have a memo pad handy.

b. Try to answer the phone by the third ring. If you can't, tell the caller immediately that you are sorry to have kept him waiting.

c. First, cheerfully and clearly give the company name when answering the phone. The caller's impression of the company is influenced by this first encounter.

① 電話応対の基本

a. 電話がすぐに取れるように、電話の周りはきれいにしておき、そばにはメモ用紙も置いておきましょう。

b. 電話はなるべく3コール以内で出ること。長く取れなかったときは、最初に「お待たせいたしました」と付け加えましょう。

c. 最初の第一声は、社名などを明るくはっきり言いましょう。これで、会社の印象が、よくなったり悪くなったりするのです。

（はい。ABC商事でございます。）

d. 相手を確認したら、「お世話になっております」などと、あいさつしましょう。

（××工業の中村さまですね。いつもお世話になっております。）

e. 本題に入ったら、必ずメモをとりながら聞くように。

（明日の会議予定の変更についてですね？）

f. 伝言などを受けた場合は、最後に必ず自分の名前を名乗ること。相手から「失礼ですが……」と聞かれた場合も同じです。

（わたくし、野田と申しますので）

---

d. 听到对方情况后，要说"谢谢关照"、"承蒙关心"。这是起码的礼节。

e. 将寒暄礼后电话中所听事情的要点记录下来。

f. 当对方希望将事情转告给其他人时，接电话人应向对方表示承诺并将自己的名字告诉对方。其他场合听到对方说"对不起……"时，也要马上告诉对方自己是谁。

d. After verifying the caller's identity, say, *osewa ni natte orimasu* (thank you for your continued patronage).

e. Always take notes on the main gist of the message.

f. Always give your own name when you have finished taking the message. Also, give your name if the caller says, *shitsurei desu ga...* (excuse me, but...).

第一章 日本の一般マナー

第二章 日本のビジネスマナー

確認問題

② 外線・内線

同じ電話応対でも、外線電話と内線電話では、あいさつや敬語の使い方が違ってきます。

第一声

外線電話　「××商事でございます」

g. 外線電話は、外のお客さまからかかってくるわけですから、まずは会社名を名乗りましょう。「×商事営業部でございます」のように、会社名＋部署名、会社によっては会社名＋部署名＋名前を名乗る場合もあります。

内線電話　「人事部採用課です」

h. 内線電話は主に、社内やグループ会社の人しかかけてきませんので、会社名は必要ありません。部署名、課やグループ名を必ず名乗るようにします。内線番号が細かく分かれているからといって、「はい」や「はい、大野です」など、自宅の電話のような使い方はよくありません。

敬語

外線電話　「いつもお世話になっております。その後はいかがですか？」

i. 外線電話で話すときは、基本的に、外の人を相手にするわけですから、できるだけ失礼にならないような敬語(尊敬語・謙譲語)を使って話せると、ベストです。

内線電話　「いつもお世話になります。その後どうですか？」

j. 内線電話の場合、相手にもよりますが、外線電話よりは敬語に気を使わなくても大丈夫です。「です・ます」などの丁寧語さえ使えれば、問題ありません。

---

g. 外线电话肯定是从公司外部挂进来的，接电话时首先要报公司名，比如"这里是×商社营业部"的主要信息是公司＋所属部门。有些公司还要求不仅要报出公司名、所属部门名，还要报接电话人的名字。

h. 内线电话肯定是公司内部的人挂过来的，这时可以不报公司名，但是所属部门名、科室名称同样有必要报给对方。内线号码往往是所属部门和部门负责人的代码，不能像接自己家里电话那样拿起电话就说"喂"或"喂，我是大野"。

g. Calls made on outside lines come from customers so first give the company name. The order is: company name and department name, or in some cases, company name, department name, and your own name.

h. Inter-company calls are usually from inside the company or from affiliates so there is no need to say the company name. Always give the department, section, or affiliate name. Even if there are many inside lines don't answer the phone as if you were at home, as in "Hello, Ono here."

③ 電話を取り次ぐ

～取り次ぎって難しい～

インド人SE カーンさん　宮下さん

1. はい、ABCコンピュータでございます　プルル…
2. あ、MDTセキュリティの七田ですが、宮下さんいらっしゃいますか？／NTD？セキュリティのイチダさん…？ですね。宮下は席をはずしてますが
3. そうですか、じゃあ伝言をお願いしたいんですが、4日（よっか）の件を8日（ようか）に変更して頂くということで／…はい、わかりました、失礼します
4. 2時間後　カーンさん、ちょっといい？／はい、なんでしょうか
5. このNTDの市田さんって誰かな？4日に変更ってなに？／宮下様　NTD市田様　4日に変更　受信者 カーン
6. あの、そう聞こえたんですけど……

どうして、うまく伝言できなかったのでしょうか？

i. 接外线电话时，挂进电话的人大都是公司外部的人，应尽可能使用自谦语和敬语，以免失礼。

j. 接内线电话时，用不用自谦语和敬语往往取决于双方身份。一般不必像接外线电话那样使用自谦语和敬语，使用"です、ます"这样的慎重语不会有什么大问题。

i. When speaking on an outside phone line, it's best to use polite language (respect or humble language) because you are usually dealing with someone on the outside.

j. You don't have to be as particular about polite language on internal lines, depending on the caller. You can get by using the *desu/masu* level of politeness.

ポイント

k. 間違いやすいアルファベットは確認する

「T／D」、「B／V」、「M／N」などは、日本人でも聞き間違いやすいポイントです。
「ティー／ディー」だと間違えやすいので、「D（デー）」ですか？と言い換えたり、「B」は「ABCのBですか？」と言ったり、不安なときは必ず確認するようにしましょう。

l.「1（いち）／7（しち）」「四日（よっか）／八日（ようか）」などの数字も、再確認！

数字にも、読み方によって聞き間違いやすくなるものがあります。「7時（しちじ）」と言われたら、「7時（ななじ）ですね？」と読み方を変えて聞き直しましょう。
でも「七田（しちだ）」のように名前の場合は、「ナナダ様」と言ってはいけません。そういう場合は、「しちだ様のシチは、数字の7、8、9の「シチ」でしょうか？」など、相手に失礼にならないように聞きましょう。

m. メモをとるときは、なるべく正確に！

メモはいい加減に書いてはいけません。聞き取れなかったり、聞き取ったものに不安を感じたりしたら、お客様に失礼にならないように聞き直しましょう。

もう一度聞くときに、便利なフレーズ

・恐れ入りますが、お名前をもう一度よろしいでしょうか。
・申し訳ございません。会社名をもう一度よろしいですか。
・念のため、もう一度、綴(つづ)りを教えていただけますか？

---

k. 容易听错的西文字母没有听清的话要请对方再重复一遍。
像"T/D"、"B/V"、"M/N"这些字母，日本人也经常听错。"剃／递"就可能听错，出现这种情况要马上向对方确认　是D（递）吗？"B是ABC的B吗？"。总之，没有把握的时候一定要向对方确认。

l. "1/7" "四日／八日"等数字（日语读音相近），有时也需要请对方再说一遍。
一部分数字读音很容易听错。对方说"7时（しちじ）"的时候可以用"7时（ななじ）？"来确认。
但是，对方说"七田（しちだ）"时则不能用"ナナダ様"来确认。出现这种人名"七田"的情况时，要用"七田先生的七是数字7、8、9的七吗？"这种方法来确认，万不能失礼。

k. Verify letters of the alphabet that are easy to misunderstand. Japanese have a hard time differentiating between T and D, B and V, and M and N. When in doubt, repeat the letter you think is being said, or identify it ("the B of ABC?"), etc.

l. Verify numbers that sound similar in Japanese (1 and 7, fourth and eighth, etc.).
Numbers can be hard to differentiate depending on how they are read. If you hear *shichiji* (7:00), verify with *nanaji desu ne?* But for the name, Shichida, you can't substitute Nanada. To avoid being rude, say, "The *shichi* in Shichida is like the number 7 in 7, 8, 9, right?"

④ メモの取り方

ポイント

[メモ画像:
TO: 宮下様
2008年4月28日 AM/(PM) 15時30分頃
MTDセキュリティ シチダ 様より
□電話がありました
□後ほど電話ください
□また電話します
☑その他
4日の件を8日に変更 030-△△××-0055
受信者: カーン]

n. 会社名や名前の漢字などがわからないときは、ひらがなカタカナで書いておくこと。

o. 名前などが聞き取れないときは、電話番号だけでも必ず聞いておくこと。

p. メモ欄は簡単にでいいので、用件がわかるように書くこと。

q. メモは、相手にわかりやすいように、机の目立つ位置に置くこと。

---

m. 作电话记录要认真，不能敷衍了事。
没听清或对听到的事情没把握要有礼貌地向对方再确认一遍。

n. 听不清公司名和人名汉字读音时，可以用日语平假名或片假名来记录。

o. 实在听不清人名，请对方告诉自己对方电话机的电话号码不失为一个好办法。

p. 在记录栏内作记录文字可以简练，但事情要让人看一眼就明白。

q. 将写好的记录放在关系人一眼就能看到的办公桌上的某个显眼的位置。

m. Take accurate messages!
Don't take slapdash messages. If you couldn't catch what was said or aren't sure, ask politely that the customer repeat himself.

n. If you don't know the kanji for the company name or caller's name, write it in hiragana or katakana.

o. Even if you can't understand the name of the caller, at least take down the phone number.

p. You can keep the message simple; just make it understandable.

q. Place the message on the person's desk in a conspicuous spot so he can find it.

Unit **16**

ビジネスEメール

文字はずっと、相手の所に残るもの。
話すときよりも注意しましょう。

確認クイズ

第1問

BCC はどういうときに使いますか？
  1…メールのコピーを送ることを、宛先（あてさき）の人に知られたくないとき
  2…メールのコピーを送ることを、宛先の人に知ってほしいとき
  3…すべてのメールは上司に BCC で送る

第2問

メールを転送するときの注意点で、正しいものは？
  1…転送する理由を、いちばん上に付け加えて書いておく
  2…転送する理由は書いてはいけない
  3…転送したことは、元々の送信者には知られてはいけない

解答
第1問　1　→　① ビジネス E メールの基本　参照
第2問　1　→　③ ビジネス E メールの注意点　参照

① ビジネス E メールの基本

基本テンプレート

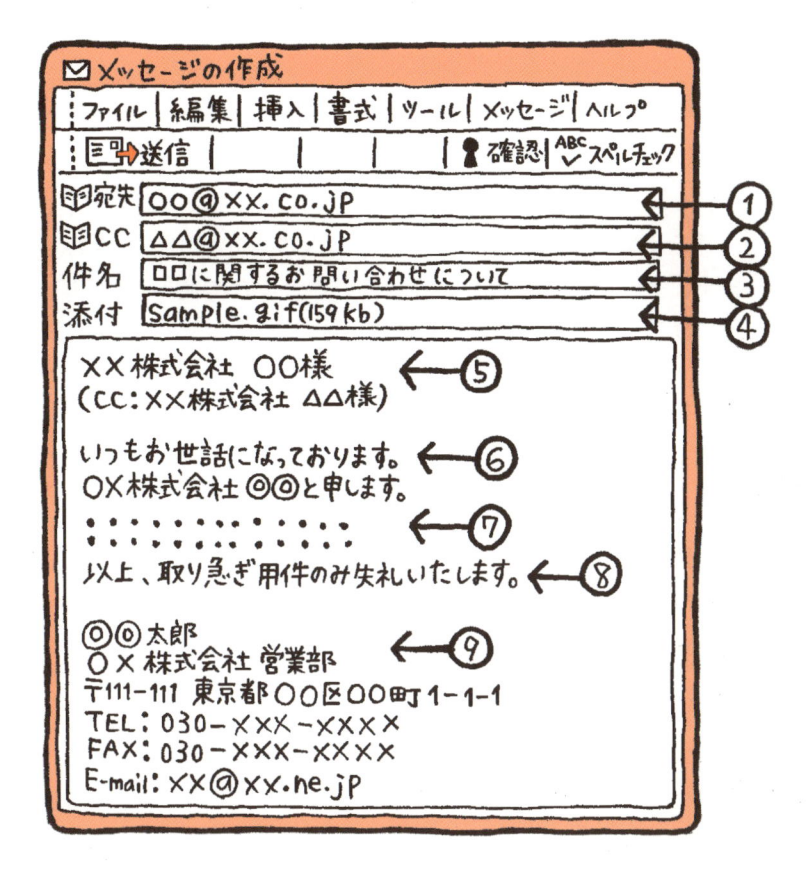

```
✉ メッセージの作成
┌─────────────────────────────────┐
│ ファイル│編集│挿入│書式│ツール│メッセージ│ヘルプ │
│ ▷送信 │      │     │ 🔒確認 │ABC スペルチェック │
├─────────────────────────────────┤
│ 📧宛先 [○○@xx.co.jp         ] ← ①
│ 📧CC  [△△@xx.co.jp         ] ← ②
│ 件名  [□□に関するお問い合わせについて] ← ③
│ 添付  [sample.gif(159kb)    ] ← ④
├─────────────────────────────────┤
│ ××株式会社 ○○様 ← ⑤
│ (CC:××株式会社 △△様)
│
│ いつもお世話になっております。← ⑥
│ ○×株式会社 ◎◎と申します。
│ ・・・・・・・・・・・・・ ← ⑦
│ 以上、取り急ぎ用件のみ失礼いたします。← ⑧
│
│ ◎◎ 太郎
│ ○×株式会社 営業部 ← ⑨
│ 〒111-111 東京都○○区○○町1-1-1
│ TEL：030-×××-××××
│ FAX：030-×××-××××
│ E-mail：xx@xx.ne.jp
└─────────────────────────────────┘
```

基本構成

① 宛先

宛先は、アドレスをそのまま入力しても、登録してあるものをアドレス帳から使っても、構いません。ただし、アドレス帳の登録名がメールの相手にもわかってしまうので、ビジネスでは、ニックネームなどは使用しないようにしましょう。

② CC(BCC)

宛先以外で、その用件を参考までに知らせておきたい人に送ります。CC は、宛先の人にも誰に送ったがわかります。上司などに経過を知らせたい場合などに使うことが多いでしょう。また、宛先の人に、誰にコピーを送ったか知られたくないときは、BCC を使います。

③ 件名

件名はなるべくシンプルに、具体的に書きます。「〜の件」「〜について」など、どういう内容のメールなのかが相手にわかるように書くこと。日付などの数字やキーワードを入れると、わかりやすいでしょう。例）4月25日ミーティングの件
返信の場合、何についての返信かわかったほうがいい場合もあるので、「Re: 〜の件」のようにして、件名を書き直さなくても構いません。

④ 添付ファイル

添付ファイルを送るときは、本文に、ファイルを添付することを必ず書いて、ファイル名も相手にわかりやすいものにしておきます。

---

① 收件人
在收件人处直接键入收件人邮箱或直接使用从通讯录中调出的收件人邮箱。使用后一种方法时，通讯录中收件人的邮箱会暴露给外部。鉴于此，公务书信往来时应避免使用昵称和绰号。

② 抄送功能和暗送功能
除收件人之外，还想把自己写的邮件作为参考资料发送给相关的人。这时你可以用除收件人外其他人也可以阅读邮件的抄送功能来处理。工作中想请上司看一看自己写的邮件时常使用此功能。如果你不想让他人阅读你给收件人或是谁写的邮件的话，你可以使用暗送功能。

③ 邮件题目
邮件题目应尽可能写得简单。为了便于他人阅读，你可以用"关于〜""〜问题"等形式来写邮件题目。用阿拉伯数字注明发件日期，再写上"关键词"，收件人阅读起来会更轻松。回信的时候数字方法大同小异，不过这时不必再写新的邮件题目，只要写上"Re: 关于〜"，对方看一眼就会知道你是因为什么事情写的回信。

④ 附件
发附件时邮件正文中要注明还有附件，附件件名要简明易懂。

⑤ 收件人姓名
注明收件人姓名和所属部门。

① Addressee.
You can either type in the address or retrieve it from the address book. The recipient will be able to see the name you have used in the address book, so for business, avoid nicknames.

② Carbon copy (CC); Blind carbon copy (Bcc).
These are used to send email as reference to people besides the addressee. The addressee knows who else you sent to when you use the Cc function. You will probably often use this to inform your boss of business correspondence. Use Bcc when you want to keep this information from the addressee.

③ Subject.
Keep the subject simple and concrete so the recipient can easily tell what it's about. Perhaps including dates and other numbers or key words would help. When using the return function, you don't have to rewrite the subject, as sometimes keeping the same subject is the best way to indicate to what you are responding.

④ Attachments.
When sending an attachment, explain in the text that you are sending one. Create a readily recognizable file name.

⑤ Recipient's name.
Specify clearly the recipient's name and affiliation. If you have never written

⑤ 相手の名前

相手の所属、名前をはっきり明記すること。

例）△△株式会社　××部　○○様

・初めて送るメールで担当者の名前などがわからないときは、「ご担当者様」と書けばOK。
・多くの関係者に一度に送る場合、「〜各位」「関係者各位」などと書く場合もあります。

⑥ あいさつ

まず、いきなり用件に入るのではなく、最初に簡単なあいさつ文を書きましょう。
すでに取引のある相手に出すメールなら、「いつもお世話になっております」と書くのが一般的です。

⑦ 本文（用件）

用件は、なるべく短く、要点をまとめて書くこと。個条書きなどにして、ぱっと見て読みやすくするのもいいでしょう。改行などにも注意して、相手に読みやすい文章にすることを、心掛けましょう。

⑧ 結びの文

特に文章そのものに意味はありませんが、あいさつとして入れたほうが礼儀正しいメールになって、いいでしょう。「以上、どうぞよろしくお願いいたします」などの、簡単なもので構いません。

⑨ 自分の名前（署名）

誰からのメールかわかるように、自分の名前は、メールの最初か最後に必ず書いてください。忘れないように、送信メールには署名を付けておくのもいいでしょう。
署名は、氏名・会社名・部署名・住所・電話番号・FAX番号・メールアドレスなどです。

・第一次向对方发送邮件时如果不知道收件人姓名，可以在收件人位置上写"负责人"。
・第一次给很多关系人发送邮件时，可以写上"各位〜""各位朋友"字样。

⑥ 礼节性问候
写邮件时不要一下进入正文，简单地问候一下对方是非常必要的。一般来说，给老客户发邮件时，正文前部应该写一句"承蒙关照"这样的格式化问候用语。

⑦ 正文（邮件正文）
正文要尽可能写得精明简练。为了便于对方阅读，可以用1，2，3……这种逐条说明的形式来写邮件正文。改行时注意不要弄乱正文结构，不能因为改行影响收件人阅读正文。

⑧ 结束语
虽说礼节性结束语和邮件正文没有直接关系，但作为一种礼节，还是很有必要写上一两句答谢的话。如简单写一句"这件事让您费心了"。

⑨ 写上自己的名字（签名）
为了让对方知道是谁发来的邮件，有必要在邮件右上方或右下方写上自己的姓名。不要忘了，邮件上应该签名。签名是指签上公司名、所属部门名和本人姓名，广义来讲签名内容还有单位地址、电话、传真、油箱等。

to the company before and don't know the boss's name, it's OK to write, *gotantosha sama* (to the person in charge). If sending to many people at one time, you can also write: *kakui/kankeisha kakui* (to all those concerned).

⑥ Salutation.
First write a short salutation, rather than jump right into the text. If the recipient is a customer that you already do business with, it's most common to say, *itsumo osewa ni natte orimasu* (thank you for your patronage).

⑦ The message (business).
Summarize your message concisely. You can itemize for clarity. Use line breaks to make the text easy to read.

⑧ Conclusion.
This isn't particularly necessary for meaning, but makes for a polite email. You can use a simple expression, such as, *ijo, dozo yoroshiku onegai itashimasu* (please consider the matter above).

⑨ Your own name (signature).
Always write your name at the beginning or end of the email to make identification simple. It's a good idea to use the automatic signature function in your message so you don't forget. Ex.: personal name, company and department names. Address, phone and fax number, email address.

② 便利なフレーズ

あいさつ文

◆ いつもお世話になっております。（いつでも使えるので便利）
◆ 先日はお時間をいただき、ありがとうございました。（訪問後のメールで）
◆ 先日は大変お世話になり、ありがとうございました。
◆ ご無沙汰しております。（最近連絡を取っていなかった人へ）
◆ お疲れさまです。（社内メールで使う）

結びの文

◆ 以上／では／今後とも　＋（どうぞ）よろしくお願いいたします。
◆ 以上／取り急ぎ　＋　ご連絡まで／お知らせいたします／用件のみ失礼いたします。

5W3H

用件を書くときは、５Ｗ３Ｈを意識して書きましょう。
◆ Who　（誰が）
◆ What　（何を）
◆ When　（いつ）
◆ Where　（どこで）
◆ Why　（なぜ）
◆ How　（どのように）
◆ How many　（どれくらい）
◆ How much　（いくらで）

---

a. 转送邮件时要写明转送邮件的原因。

b. 不要擅自更改转送邮件内容。

c. 不可以全文引用邮件内容，但可以部分引用邮件内容。

d. 可以直接引用邮件内容，但不可以对引用邮件内容进行加工。

a. When forwarding a message, give your reason.

b. Don't alter the text of a forwarded message.

c. Quote only the pertinent sections and not the entire text.

d. Do not alter the section to be quoted.

③ ビジネスメールを送るときの注意点

転送する

自分に送られてきたメールの情報を、ほかの人にも知っておいてほしい場合などに、そのメールをそのまま送ることもよくあります。件名にFw:のマークが付きます。

a. 転送するときは、なぜ転送するのか、理由をひと言書くこと。
　例）「会議日程について質問が来ましたので、転送します。」
b. 転送メールそのものは、自分で内容を変えたりしないこと。

引用する

メールに返信するときに、相手が書いた内容をそのまま引用したほうが内容がわかりやすい場合もあります。引用部分には＞などのマークが付きます。

c. 全文引用するのではなく、必要な部分だけを引用します。
d. 引用する文面は、手を加えずにそのまま使いましょう。
e. 引用部分と返信文は、どちらが返信文かわかるように書きましょう。
　例）＞次の会議ですが、9月10日と14日のどちらがよろしいでしょうか。
　　　9月10日（月）でよろしくお願いします。

添付ファイルとウィルス

添付ファイルを通じてウィルスに感染することが多いので、添付ファイルの扱いには十分注意してください。

f. 添付ファイルを送ることを、相手に本文で伝えること。
　例）「○○のファイルを添付いたしました。ご確認ください。」
g. 容量の大きなファイルは、分けて送るか、圧縮して送ること。
h. 相手が読めるファイル形式かを、確認してから送ること。

---

e. 引用部分和回信内容应当一目了然。

f. 邮件如果附有附件，应该在邮件正文中写明。

g. 容量大的邮件应分开发送或压缩发送。

h. 发送邮件之前，有必要确认一下该邮件形式对方能否打开阅读。

e. Clarify whether the text is the original message or your return message.

f. Write in the main text that you are sending an attachment.

g. Either divide up a long attachment into more than one file or shrink it.

h. Confirm with the recipient that he can read the file format you want to send before sending the file.

Unit 17
指示を受ける

頼まれた仕事は、なるべく気持ちよく
引き受けたいものですね！

確認クイズ

第1問

指示を受けるときに、言ってはいけない言葉は？
- 1…「わかりました」
- 2…「無理です」
- 3…「明日まででいいですか？」

第2問

注意を受けるときに、言ってはいけない言葉は？
- 1…「仕方なかったんです」
- 2…「申し訳ありませんでした」
- 3…「以後、気を付けます」

解答
第1問　2　→　① 指示を受ける　参照
第2問　1　→　④ 注意を受ける　参照

① 指示を受ける

a. 仕事中に上司に呼ばれたら、どんなに忙しくても、とりあえず仕事の手を止めて、上司の指示を聞きに行きましょう。そのときはメモとペンを忘れずに。

b. 上司が自分の席の所まで来た場合は、顔だけ振り返るのは少し失礼です。上司ときちんと対面するようにしてください。場合によっては、立って指示を聞いたほうが、より丁寧な印象になります。

---

a. 工作中上司因故找自己的时候，手头工作再忙也要停下手来，先听上司有什么新的工作安排，此时一定要准备好笔和笔记本。

b. 上司走到自己办公桌旁时，不能只回一下头，这样太失礼。注意要把头转过来，和上司脸对着脸。有些场合，还需站起身来做好聆听上司指示的准备，只有这样才能给上司留下好印象。

a. No matter how busy you are, if your boss calls you, put down your work and follow his directives. Don't forget your memo pad and pen.

b. If your boss comes to your seat, it would be somewhat rude if you simply turned your face toward him. Face him directly. In some cases it is more polite to stand up and listen to his directives.

② 確認・質問する

指示を受けたとき、わからないことがあれば、必ず質問するようにしてください。仕事をしやすいように、きちんとした質問ができるように心掛けましょう。

c. 質問は、最後まで聞いてから
質問したいことが思い浮かんでも、上司がまだ全部説明していない場合もあるので、割り込んで質問しないように。メモを取りながら指示を最後まで聞いて、その後にまとめて質問するようにしましょう。

d. 期限を確認する
例えば、「明日の午後までに」と言われても、午後1時までなのか午後5時までなのかで、仕事の段取りが違ってきます。期限はなるべく詳しく聞くようにしましょう。

e. 優先順位を確認する
指示を受けたとき、あなたには今やっている仕事があるはずです。急ぎの仕事もあるかもしれません。どちらを先にすればいいか、優先順位を確認しましょう。

f. 数字・固有名詞を確認する
指示の中に、数字や会社の名前、人の名前などが出てきたら、日本語の聞き間違いがあると大変なので、念のためもう一度確認しましょう。

g. 復唱する
いろいろと質問したり、確認した後、もう一度最後にメモの内容を復唱して、最終確認してください。

ここまでできたら、指示の受け方は完璧です！

---

c. 提问应当在上司讲完话之后
   上司讲话中间，即便有什么疑问也不要插话提问，应当边听边作记录，最后将问题归纳起来一块儿提问。

d. 确认任务期限
   如上司说"明天下午以前……"，这"下午以前"指的是下午1点以前呢，还是下午5点以前呢，因为所要求的任务完成时间直接关系到工作计划的具体安排，故有必要问清完成任务的最后期限。

e. 确认具体任务完成的先后顺序
   司安排工作时，你肯定有正在处理中的工作。而且也很可能有要求你急于完成的工作。哪些工作应该先做，哪些工作应该后做，一定要问清楚。

c. Don't ask questions until the explanation is over.
   Don't interrupt with questions that come to mind before your boss has a chance to explain everything. Take notes while you listen and save your questions for when he's done speaking.

d. Check deadlines.
   For example, "by tomorrow afternoon" can mean "by 1:00" or "by 5:00;" the difference can affect how you plan your work schedule. Ask for details on deadlines.

e. Check order of priority.
   You probably are already doing work when you receive a new assignment. You might have work to finish in a hurry. Check to see what has highest priority.

③ 依頼を受ける

～コピー取ってきて！～

劉さんのコピーの取り方は、どこが悪かったのでしょう？

f. 确认数字和固有名词
　上司讲话中如出现数字、公司名称和人名，为了慎重，你应该向上司再确认一遍。这是日语中最容易听错的地方，听错了后果不堪设想。

g. 复述
　提问、确认后复述一遍笔记内容，然后再做最后确认。

f. Check numbers and proper nouns.
　If there are numbers, names of companies or people in the directive, recheck just in case because it will cause you problems if you misunderstand the Japanese.

g. Repeat the instructions.
　After asking various questions and reconfirming, repeat what you have written down for a last check.

ポイント

h. 両面印刷の原稿を渡されたときは、そのまま両面コピーするのか、片面ずつ2枚にするのか、必ず確認してください。

i. 原稿の文字が読みにくい場合などは、1枚コピーしてみて、薄いようであれば、コピー機で濃度の調節をしてみましょう。

j. 原稿の順番は絶対に間違えないように。わからなくならないように、注意してください。

k. 同じ原稿のコピーをまとめて渡す場合もありますが、10部のセットにして渡すと、依頼した人もそのまま配ることができて、使いやすいことが多いでしょう。

l. コピーした原稿はバラバラのままではなく、クリップで止めたりして、受け渡ししやすいようにするといいでしょう。指示があればホチキス止めもしてください。横書きの書類は左上の端を止めるのが基本です。

m. きちんとコピーできているかどうか、白紙などが交ざっていないかどうか、最後に確認してから、依頼した人に持って行きましょう。

---

h. 接到两面印刷的原稿时,一定要确认是照原样两面印刷还是分两张印刷。

i. 如原稿字迹看不太清,可以复印一张看一看效果,字迹太淡,可以调整一下复印机印刷浓度。

j. 不要将原稿页码顺序搞错。搞错页码顺序会给阅读原稿造成困难。

k. 有时需要交付同一原稿的全部影印件,为便于分发人分发该影印件,复印原稿时,你可以考虑将每10份作为一个单位进行复印。

l. 为了防止原稿复印件交付后页码次序错乱,应将原稿复印件用曲别针固定好。如果有要求的话,要用订书器订好。横写的文件,应把书订订在文件的左上方。

m. 复印效果是否理想,复印件中是否夹有白页,交给对方之前应再仔细检查一遍。

---

h. When given a double-sided document, always check whether you should make a double-sided copy or single copies front and back.

i. If the script in the manuscript is difficult to read, make a test copy. If too light, adjust the contrast to make it darker.

j. Don't make a mistake on the order of the pages. Make sure you don't get it all confused.

k. It is common to make many copies of each page, but it is often easier for the person who requested the copies to distribute them if you collate the pages into sets of ten.

l. It is more convenient for the recipient if you clip the sets of copies together rather than leave them loose. Use a stapler if asked to do so. Usually, documents written horizontally are stapled in the upper-left hand corner.

m. Give the copies to the person who requested them after you've checked that each page is properly copied and that no blank

④ 注意を受ける

上司や先輩から注意を受けるのは嫌なものですが、注意する方も気持ちのいいものではありません。前向きな態度で頑張りましょう。

注意を受けるときの態度

n. 謝罪する
皆さんの中には、納得いかないときは謝りたくない人もいるかもしれません。でも日本では、習慣的に、まずは謝罪の言葉を言うことがとても多いのです。

o. 言い訳しない
注意されたときにすぐ言い訳しないこと。主張はわかりますが、まず、上司の言うことをきちんと聞いてください。「でも」「だって」などの言葉は使わないように。

p. 適度にあいづちを打つ
日本では、相手の話を聞くときよくあいづちを打ちますが、これは「聞いてますよ」というサインにもなります。じっと黙って相手の顔を見ているだけだと、真剣に注意を聞いていても、話を理解していないとか、不満に思っているように思われてしまいます。時々相手の目を見て「はい、はい」と、所々であいづちを打ったほうが、話がスムーズに進むでしょう。

---

n. 道歉
一些人可能因为不能理解而不愿道歉。而在日本，人们总是把道歉的话习惯性地挂在嘴边上。

o. 不找借口
当别人提醒自己注意时，不要为自己的行为作解释。尽管你有自己的主张，但这时候必须按照上司说的去做。没有必要说"可是……""但是……"这类解释原因的话。

p. 学会随声附和
在日本，听人说话时人们都会适当地随声附和，意思就是告诉对方"我在听你说！"如果光看着对方的脸一声都不吭，即便你在认真听对方讲话，但是不是理解了对方说的话，对方因为无法判断往往会认为你有什么不满。所以听人说话时最好一边看着对方的脸一边说"对、对""是、是"，这种随声附和会使对方的话题顺利地进展下去。

pages are mixed in.

n. Apologizing.
Some of you might not want to apologize when you see no need. But in Japan apologizing first and foremost is a very common custom.

o. Don't proffer excuses.
Don't make excuses the minute you are reprimanded. It's understandable that you want to defend yourself, but first listen to your boss. Don't use words like *demo*, *datte* (yes, but).

p. Use appropriate responses.
In Japan, listeners utter monosyllabic responses to indicate they are listening. If you silently stare at the speaker's face, he will think you don't understand or are unhappy even if you are listening in earnest. The conversation will proceed more smoothly if you insert a *hai, hai* periodically.

Unit 18

報告・連絡・相談

日本のビジネスシーンで重要な
「ほう・れん・そう」を、学びましょう！

確認クイズ

第1問

報告の仕方で正しいのはどれでしょう？
1…結論から話す
2…最初から全部、順番に話す
3…悪い内容は話さない

第2問

連絡が必要でないことはどれでしょう？
1…直帰する
2…遅刻する
3…頭痛がする

解答
第1問　1　→　① 報告　参照
第2問　3　→　② 連絡　参照

---

a. "汇报、联络、商量"是日本公司对业务人员工作上最基本的要求。只要工作，无论什么时候都离不开"汇报、联络和商量"，对此你应该认真学习。

b. "汇报"要求汇报内容条理，具体。汇报之前必须考虑好自己准备汇报的内容。

c. 不能因为上司是自己的直接领导就认为上司在任何情况下都能听自己汇报。准备汇报之前，应当征求一下上司的意见"您现在有空吗？""我想向您汇报一下有关……"。

a. This is an abbreviation for *hokoku, renraku, sodan* (reporting, contacting, consulting). They are the basics of Japanese business (especially inside a company). Learn when these are necessary.

b. Concretely plan what you want to say to make your report readily understood.

c. No boss can be expected to drop everything to listen to your report. Ask if your boss has time now, or say that you would like to give an update on some matter when it's convenient.

「ほう・れん・そう」とは？

a. 「報告・連絡・相談」の略で、日本のビジネス（特に社内）における基本です。どんなときに「ほうれんそう」が必要なのか、学んでおきましょう。

① 報告

報告する内容はまとめておく

b. わかりやすく報告できるように、前もって、話す内容を考えておきましょう。報告はすべて具体的に。

報告する前に上司の都合を聞く

c. いくら上司だからといって、いつでもどこでも、あなたの報告を聞いてくれるわけではありません。「今、お時間よろしいですか？」「××の件で、少しご報告したいことがあるのですが」などと、上司の時間の都合を聞きましょう。

結論から先に話す

d. 仕事の流れや経過を報告したいのはわかりますが、最初から順番に話したのでは、何をいちばん伝えたいのかわかりません。「××の件は、現在～となっています。理由は……」というように、とりあえず結論から話しはじめましょう。

悪いことから報告する

e. いくつか報告したいことがある中で、悪いニュースは最後にしたくなるものです。でも、すぐに対応してもらう必要がありますから、悪いニュースから先に言いましょう。

---

d. 汇报时想马上汇报工作程序、工作经过的心情可以理解，但"汇报"如果没有一个先后次序，有时自己都会忘记自己是从什么问题开始汇报的。汇报应该从"结论"开始 "关于××项目，现在已经完成了××（百分比等）；关于……问题现阶段已处理到……主要原因是因……"

e. 同时汇报几件事，总想把结果最不理想的安排在最后。结果最不理想的事情往往是必须马上处理的事情。因此同时汇报几件事情时要先汇报结果最不理想的事情。

d. It's understandable that you want to explain the workflow, but if you list up everything from the beginning, your listener won't know what you really want to say. Give the conclusion before launching into details.

e. People tend to want to save bad news to last. But it is the bad news that needs most immediately to be handled so start with it.

② 連絡

遅刻・欠勤するとき

f. 出社時間に間に合わない、病気で欠勤する、などの場合はもちろん、約束の時間に間に合わないときなども、時間が過ぎてからではなく、10分前くらいまでには連絡の電話などをしましょう。

直行・直帰するとき

g. 家から直接、取引先などへ行くことを「直行」、取引先などから直接、家へ帰ることを「直帰」といいます。取引先にいる時に勤務時間をすでに過ぎてしまったりしたら、直帰しても構わないこともありますが、絶対に、会社に電話をかけて、そのことを連絡するように。

計画を変更するとき

h. 仕事上のスケジュールや場所、時間などを変更した場合は、すぐに関係者に連絡しましょう。いろいろな人が大変迷惑することになります。

外出するとき

i. 仕事で取引先を訪問するなどの外出はもちろん、銀行へ行くなどのちょっとした外出も、必ず出掛ける前に連絡するようにしてください。だいたいの戻る時間も、併せて言っておきましょう。

---

f. 当出现"无论怎么赶都会迟到""生病了非请假不可""约定时间快到了，来不及了"等情况时，首先要和公司联系。联系时间至少要安排在上班时间10分钟以前，而不是上班时间开始以后。

g. 在日本，上班时间直接从家里去客户单位被称为"直行"，下班后直接从客户单位回家被称为"直归"。去客户单位处理业务过了下班时间，大多数情况下是可以直接回家的。但要切记出现这种情况一定要事前给公司打电话汇报一下。

h. 工作日程、时间地点更改后必须马上通知有关方面。这种事情会给各方造成种种麻烦。

f. If you can't get to the office on time, will be absent because of illness, or will be late for an appointment, call 10 minutes before the designated time.

g. Going directly to a customer's from home is called *chokko*, while going straight home from a customer's is called *chokki*. You can go straight home if you are at a customer's until after work hours, but you must call the company to explain yourself.

h. Contact those involved whenever there is a change in work schedule, place, or time. Not doing so will inconvenience many people.

～自分で連絡しよう！～

新入社員 鄭さん　　鄭さんのお姉さん　　同僚の牧田さん

1. 寝坊した！！
2. 大変！お姉ちゃん私急いでるから代わりに会社に電話して！／はいはい、誰にかけたらいいの？
3. んー、じゃあ牧田さんにかけて！／ピ　ピ
4. もしもし、鄭ですが、妹は昨日夜遅くまで起きていたみたいで、今日ちょっと寝坊しちゃって、起きたらもう8時すぎてたんです。なので少し遅れます。
5. あ、そうですか。わかりました。課長に伝えればいいですか？／はい、お願いします
6. 連絡しておいたよ〜／あ、ありがとー！

この連絡の仕方はどうでしたか？　これでよかったでしょうか？

i. 工作时间内要去拜访客户、要去银行时，出门前要打招呼。大致什么时间可以回来也要顺便说一声。

i. Any time you leave the company to visit a customer, go to the bank, etc., tell the company first, and include your approximate return time.

ポイント

j. 連絡は、必ず自分で、連絡しなければならない人に言うこと

最近、直接、上司に連絡するのではなく、同僚や友人など自分が連絡しやすい人に言って、その人から上司などに伝えてもらうケースが増えていますが、これはよくありません。
連絡は、直接するようにしてください。

k. 連絡は簡単に短く用件だけ

この場合、連絡しなければいけないのは「遅刻する」ことと、「どれくらい遅刻するか」ということだけです。どうして寝坊したとか、何時に起きたとか、そんなことは言う必要はありませんし、その分、時間がかかって相手に迷惑です。

---

j. "联络"一定要自己亲自来做，也就是说，必须直接和要联络的人联络。
有些人不是直接和上司联络，而是先和自己认为好说话的同事和朋友联络。近来通过朋友、同事转告这种现象有所增加，这是很不好的事情。
"联络"要求的是"直接联络"。

k. "联络"内容要简短，一句话说明问题
必须"联络"的事情是"迟到"和"迟到×分钟"，没有必要说明"睡过点了"，"我××点起的床……"等迟到原因。说多余的话会占用别人的时间，影响别人的工作。

j. Talk to the person in charge yourself.
Recently there have been more incidences of employees telling their colleagues and friends to contact their superiors for them, but this is not good.
Tell the person directly.

k. Be brief and concise.
In this case, say only that you will be late and by how much. Don't say why you overslept, what time you woke up, etc. Such detail wastes the listener's valuable time.

③ 相談

何か気になることがあれば、すぐ相談する

l. どうしたらいいか迷うことや、トラブルになりそうなことがあるときは、すぐに上司や周りに相談すること。一人で悩んでいても解決しません。

相談するときは、相手のいい時間に

m. みんな仕事が忙しいので、なかなか相談に乗ってもらえる時間がないかもしれません。そういうときは、メールでとりあえず内容を先に知らせておくなどしてもいいでしょう。

相談する前に、自分でも一応考えてみる

n. 重要なことはもちろん相談したほうがいいのですが、「どうしましょう？」「どうしたらいいですか？」とただ聞くだけでは、相談された側も考えるのに時間がかかってしまうので、相談する前に、自分でもその問題について考えてみてください。「こうしようと思うのですが、どうでしょうか？」「これについては、××でいいでしょうか？」「○○と××ではどちらがいいでしょうか？」など、相手が答えやすいように相談するのがマナーです。

---

l. 工作中有问题、有困难又不知如何应对为好时，要及时请上司和同事帮助。一个人苦思是解决不了问题的。

m. 大家都很忙，也许不能马上为你出谋划策或帮助你解决问题，这时你不妨先给大家（关系人）发一份邮件，把你遇到的困难告诉大家。

n. 重要的事情征求一下别人的意见是非常必要的。提出问题的时候不要总是说"怎么办？""应该怎么处理呢？"这样会占用别人很多时间，你也要为帮助你的人着想。征求他人意见之前你应该先很好地整理一下自己的思路。不要使对方为难是征求别人意见时的行规。你不妨这样来提问 "我想这样来处理，你看行得通吗？""这个问题这样处理合适吗？""甲和乙，哪个办法更好呢？" 等等。

l. Consult with your boss or those around you when you don't know what to do or have a problem. You won't solve the problem by mulling over it alone.

m. Everyone's busy and might not have much time to help you. In those cases, try first sending an email explaining the problem.

n. Of course it's good to consult someone about crucial matters, but it takes time for the listener to come up with ideas about what to do, so before asking, think about the problem yourself. Suggest possible plans of action that you are considering. It's good manners to make it easy for your listener to respond.

Unit 19 社内でのコミュニケーション

仕事を楽しくするには、
よいコミュニケーションがかかせません！

確認クイズ

第1問

上司に対する態度で、好ましくないことはどれでしょう？
1…敬語を使って話す
2…なれなれしい態度を取る
3…お金の貸し借りをしない

第2問

部署の仲間と毎日食べに行くランチ代は、誰が支払う？
1…先輩
2…上司
3…各自、自分で

解答
第1問　2　→　① 上司・先輩　参照
第2問　3　→　③ 食事をする　参照

① 上司・先輩

上司に対する態度は、どんなものがいいでしょうか？

✕

a. 上司と親しくなったからといって、こちらからあまりなれなれしい態度をとらないほうがいいでしょう。

○（課長、明日の会議には出席されますか？）

b. 社内の人でも、上司にはなるべく敬語で話しましょう。敬語がうまく使えないときは「～です/ですか」「～ます/ますか」だけでもOKです。

✕（昨日の会議についてなんだけど…／そんなことより課長、これ見てくださいよ！）

c. 日本では、上司が話し終わる前に、下の立場の人が話しはじめることはあまりありません。上司が話しているときは、なるべく最後まで聞くようにしたほうがいいでしょう。

○（お先にどうぞ）

d. 日本では、年長者を敬う文化があるので、同じ社内の人でも年長者には、お客さまに接する時と同じように丁寧に対応する方がいいでしょう。

---

a. 和上司关系再亲密工作中也不能不拘礼节。
b. 在公司里和上司讲话要尽可能使用敬语。如果敬语把握不好，可以使用"～です/ですか""ます/ますか"这样的文体（日语敬体表达方式）。
c. 在日本，上司讲话之前，一般员工很少讲话。听上司讲话时，应坚持听完上司讲话。
d. 日本有尊敬长者的文化传统，在同一个公司工作的同事中，肯定有比自己年龄大的人，和他们在一起的时候对待他们应该像对待客人一样去对待。

a. No matter how well you know your superior, it's best not to take an overly familiar attitude towards him.
b. Use respect language toward superiors as much as possible even inside the company. If you can't use it well yet, it's okay to use the *desu/masu* form.
c. In Japan, underlings don't usually interrupt when their superior is speaking. It's best to hear out what your superior has to say.
d. In Japanese culture seniors are respected so you should treat senior employees in your company with the same respect you accord customers.

② 同僚

同僚への態度は、どう取ればいいでしょう。

e. プライベートで仲がよくても、会社の中では、普通の同僚として行動するように。公私混同してはいけません。

(吹き出し: 昨日夜9時からのテレビ見た？ / あ、見た見た！おもしろかったよね！)

f. 相手が同僚の場合、親しくなったら敬語を使う必要はありません。相手が敬語を使うのをやめたら、あなたもやめて構いません。

(吹き出し: ねぇ、悪いけどちょっと2万円貸してくれない？)

g. 日本では、親しい友人同士でもお金の貸し借りをすることはあまりありません。食事代をちょっと借りて後ですぐ返すくらいはありますが、「〜万円貸して」というようなことを言うと、嫌がられる場合もあるでしょう。

(吹き出し: 悪いけどこの資料作るの手伝ってくれる？ / あぁこれ？いいよ)

h. 同僚とは、困ったときに気軽に助け合えるような関係になっておくのが理想です。お互いに上司や先輩に言えない悩みなども相談できるようだといいですね。

---

e. 两个人关系再好，下班以后怎么相处是自己的事情，上班时间两人必须保持正常的同事关系。不分场合、不分公私显然是不应该的。

f. 当然，因为对方是同事，关系近了完全可以不用敬语。一般来说，对方不用敬语的话，你也可以不用。

g. 在日本，再亲密的朋友也很少互相借钱。即便偶有这种情况发生也仅限于一顿饭钱，而且会马上还给对方。张口就要借上万日元，恐怕谁都不愿再和你相处。

h. 同事有困难主动去帮助有助于促进同事与同事间的友情。一些苦恼的事可能很难和上司或年长的人讲，这时如果能和要好的同事讲一讲，无疑会减轻你的压力。

e. Even if you are close in your private life, at the company you should treat each other as regular colleagues. Don't mix your private and public lives.

f. You needn't use polite language with colleagues you are close to. When your colleague drops polite language, you can, too.

g. In Japan, even close friends don't often lend or borrow money. Sometimes someone will borrow money for a meal and immediately repay it, but few people want to be asked to lend large sums.

h. It would be ideal to develop a relationship whereby you and your colleagues feel free to help each other in times of need. It's nice to be able to talk to someone who is not your boss or superior.

③ 食事をする

～一緒にいると恥ずかしい!?～

どうですか？　彼と一緒に食べている人は、どう思っているでしょう？

ポイント

i. 食べ物を口に入れながら話をしたりして、音を立てたりしない

食事中、楽しくおしゃべりしていると、ついつい食べ物を口に入れたまま話をしてしまうことがあるかもしれませんが、「くちゃくちゃ」と音がしたり、口の中のものが見えたりすると、周りの人も落ち着いて食べられないので、気を付けましょう。

j. 一人だけ大声で話したり笑ったりしない

日本人は、比較的声が静かな人が多いです。(もちろんそうでない人もいます)
日本人の同僚や上司と食事をしているとき、みんながどれくらいの声の大きさで話しているか、見てください。自分だけやたらと大声で話していませんか？　もしそうだったら、みんなはあなたの声を「大きいなぁ、周りに全部聞こえて恥ずかしいなぁ」と思っているかもしれません。極端に小さな声で話す必要はありませんが、周りの声の大きさに合わせるといいでしょう。

k. みんなが食べているときは、できるだけタバコは吸わない

喫煙席に座ればもちろんタバコは吸っても構いませんが、みんなで食事をしていて、まだ食べている人がいるときは、なるべくなら吸わないほうがいいでしょう。みんなが食べ終わっておしゃべりしている時や、食後のコーヒーを飲んでいる時などに吸ってください。

---

i. 边吃边说时需要注意嘴里发出的声音
吃饭时有时得太高兴就忘记了自己嘴里还嚼着食物，如果发出咀嚼食物的声音或让人看到口中咀嚼的食物，大家很难再吃下去，这一点一定要时刻注意。

j. 不要一个人大声说笑
日本人大都不愿大声说话。(当然不是所有人都是这样)。和日本同事、上司一起吃饭时，你可以观察一下大家都是用多大的声音交谈。是不是只有自己在大声说话？如果是这样，大家也许就会想，你说话声音这么大所有人都听得见，你也不感到难为情吗？虽然没有必要用特别小的声音说话，但你应该尽可能把自己的声音控制在和旁人说话声音大小差不多的水平上。

k. 大家都在吃的时候不要吸烟
坐在吸烟席当然可以抽烟。但大家在一起吃饭的时候，如果有些人还没有吃完，你应该尽量克制住烟瘾。吸烟应该等大家都吃完

i. If you talk while putting food in your mouth or have fun chattering during a quiet meal, you might end up talking with your mouth full.
Remember that the people around you will be disconcerted by your champing or being able to see the food in your mouth.

j. Don't be the only one to talk or laugh loudly.
Many Japanese speak very quietly. (Of course, there are exceptions.) Check around you when eating with Japanese colleagues or superiors to see how loudly they speak. Are you the only one speaking too loudly? If so, people around you might feel it's embarrassing that everything you are saying is audible. You needn't whisper, but tune in to how loudly others are speaking.

k. Try not to smoke when everyone is eating.
Of course you can smoke in the smoking section, but if some in your party are still eating, refrain from smoking. Smoke when ev-

④ アフターファイブのお付き合い

l.「アフターファイブ」というのは勤務時間後のことです。

飲み会などに誘われたら

m. 皆さんの中では、仕事とプライベートを分けて考えていて、上司や同僚と夜まで一緒にいたくない人もいるかもしれません。もちろんそれは悪いことではありませんが、誘う方も気を使って誘っている場合もあるので、3回に1回くらいは参加してみてはどうでしょうか？

断る場合

n. どうしても断りたいときや用事があるときは、「ありがとうございます。でもその日はちょっと用事があって……」などと、まず最初に、誘ってもらったお礼の言葉を付けると、印象がいいですね。「次の機会にまた誘ってください」「次はぜひ参加させてください」などと言うと、相手も嫌な気はしないはずです。

以后再吸或者在饭后喝咖啡的时候再吸。

l.「アフターファイブ」是指下班以后的活动。
m. 有些人把工作时间和个人生活界限划分得很清，晚上不愿意和上司、同事们一起活动。这样做当然没有什么不好，但有时也应该给邀请人留点面子，约3次怎么也应该去1次，不要总让邀请人失望。
n. 实在去不了只能回绝的时候，要说一句"非常感谢。不巧，我那天实在脱不开身，改日再……"。这是一种礼节，能做到这一点别人不会对你有意见的。"下次我一定去""下次别忘了叫我"都是婉拒邀请的客套话，你只要学会这样说，大家就会认为你是一个知书达理的人。

eryone is talking after the meal or drinking their after-meal coffee.

l. "After 5" refers to after-work hours.
m. Some of you might separate your work and private lives, and do not want to stay out to all hours with colleagues and superiors. Of course, there's nothing wrong with that, but the people asking you out are being considerate. How about going out one time out of three?
n. If you really want to refuse or have some other appointment, it will leave a good impression if you first thank the person asking. If you say that you hope the person asks you again sometime, or you would like to go another time, your listener won't feel put out.

Unit 20
日本人の仕事観

日本人は一般的に、どのように
仕事について考えているのでしょうか？

確認クイズ

第1問

今まで、日本人にとって一般的だった働き方はどれでしょう？
- 1…2年に一度くらい転職する
- 2…一つの会社でずっと働く
- 3…1年のうち3カ月は休暇をとる

第2問

日本の伝統的な会社で、トップの役職名はどれでしょう？
- 1…総経理
- 2…社長
- 3…専務

解答
第1問　2　→　① 日本人の仕事観　参照
第2問　2　→　④ 役職名一覧　参照

① 日本人の仕事観

日本人といっても、もちろんいろいろな人がいますが、一般的に日本人が伝統的にしてきた考え方を知ることは、日本のビジネス社会やビジネスパーソンを理解する上で、役に立つことも多いかもしれません。でも、不況などの影響で、日本人の仕事観もどんどん変化してきています。

以前

VS

VS

現在

a. 以前は、一人ひとりが会社の歯車のように、それぞれが一生懸命役割を果たすことで、日本企業は成長してきました。でも今は、個人主義の人もどんどん増えています。

b. 今まで日本では、転職はあまり一般的ではありませんでしたし、いいイメージが少なかったのですが、最近は、転職や起業も昔よりは多くなり、会社に対する考え方も変わってきています。

---

a. 过去，每个职工就像是公司的齿轮，为了公司的利益和发展夜以继日地奉献着自己的一切。日本企业就是这样壮大起来的。但是今天的日本，个人主义思想严重的人正在与日俱增。

b. 日本过去很少听说换工作。这或许是因为对换工作的人偏见较多的缘故。而今天的日本，很多人都在选择更换工作、独自立业，人们对于是否应该将自己的一生奉献给一个公司这类价值观有了新的思考。

a. In the past, each employee was like a cog in the company machine, each doing his best at his job. This is how Japan's corporations prospered. But now there are many individualistic employees.

b. It wasn't common for people to job-hop in the past, and doing so gave a bad impression. Now people change jobs or start their own companies more readily; attitudes toward companies are changing.

② 日本企業のシステム

新入社員 課長 部長 社長

年功序列

c. 日本の会社の伝統的なもう一つの特徴は、「年功序列」といって、年齢が上になればなるほど出世して、役職が上になっていき、給料も上がっていく、というものでした。
でも、最近では「成果主義」が多くの会社に導入されることになり、年齢に関係なく、実力のある人が出世したり、給料が高くなったりするようになりました。

c. 日本企业的另一个传统就是论资排辈，它是指年龄越大待遇越好，职务越高，薪水越高这种现象。
不过，近来很多公司开始实施成果主义，不再把年龄再作为考核条件。你只要有实力能给公司创效益就给你涨工资。

c. Another traditional aspect of Japanese companies was the seniority system, in which the more time an employee spent in the company, the higher up he went, and the better salary he got. Now many companies have introduced the merit system, which rewards individual ability with no relation to age.

③ 愛社精神

～社歌って何？～

新入社員　王さん　　部署のみなさん

1.
2.
3.
4.
5. さぁ〜、仕事するぞ！
6. おはようございます／朝礼をはじめたいと思います！／朝礼って毎日あるの？さっきの歌と体操は何??

どうですか？　あなたの会社では、朝こんなことありませんか？

ポイント

d. 社歌

日本の会社には、社歌がある所も多く、大きな会社では始業前に社歌が流れる場合も多いでしょう。あまり周りに歌っている人はいないかもしれませんが、興味があれば歌詞など見て一緒に歌ってみてはどうでしょう。

e. 体操

社歌と同じく、毎朝、体操の音楽が流れる職場もあるでしょう。日本の大企業や工場などによく見られる習慣です。これも強制ではありませんが、興味があれば一度、体を動かしてみるのも、朝のいい運動になるでしょう。

f. 朝礼

会社によって、全くない所、毎朝ある所、週に１回、毎月１回、など、違いがあります。内容は会社のモットーを全員で声を合わせて読んだり、行事などの連絡事項を伝えたり、新しい社員の紹介をしたりと、いろいろです。

---

d. 社歌（代表企业精神、弘扬企业文化、象征该企业的歌曲）
很多日本企业都有社歌。大公司工作开始前都要唱社歌。虽然唱社歌的人并不多，但如果你有兴趣，不妨看着歌词试着唱一唱。

e. 体操
和社歌一样，每天早上你在公司里都能听到体操音乐。这种现象在日本各大企业（工厂）都能看得到，大多数职工都想通过做体操来达到锻炼身体的目的。当然这种活动并非要强制每个人都参与。假如你对此有兴趣的话，不妨和大家一块活动活动身子骨，这可是一个很好的清晨运动噢！

d. Company song.
Many Japanese firms have company songs, and large firms play the songs before work commences. Most people might not sing it, but if you are interested, take a look at the lyrics and try singing along.

e. Calisthenics.
Some workplaces play the calisthenics song every morning, just like the company song. This custom is common in large Japanese firms and factories. It isn't mandatory, but if you're interested, why not try some nice morning calisthenics?

④ 役職名一覧

日本企業の一般的な役職名の呼び方を覚えておこう!

- ◆ 会長（かいちょう）　前の社長がなることが多い。
- ◆ 社長（しゃちょう）　会社のトップ。
- ◆ 副社長（ふくしゃちょう）複数名いる場合もある。
- ◆ 専務（せんむ）
- ◆ 常務（じょうむ）常務までが「役員」と呼ばれる。
- ◆ 部長（ぶちょう）ある部門のトップ。「営業部長」「人事部長」など。
- ◆ 次長（じちょう）
- ◆ 課長（かちょう）ある一つの課のトップ。「人事部採用課長」「購買課長」など。
- ◆ 係長（かかりちょう）ある一つの係のトップ。最近少なくなる傾向にある役職。

全部、正しく読めましたか?

会社によっては、役職のある人でも「～さん」と呼ぶ所もありますが、まだまだ「～部長」と役職名を付けて呼ぶほうが一般的です。役職名は間違えないようにしましょう。

---

f. 朝礼（日本企业早晨职工们集中在一起进行的一项活动）
公司不同，朝礼活动安排的时间不同。有的公司每天早晨一次，有的公司每周一次，有的公司每月一次；有的公司干脆不设这项活动。朝礼活动的主要内容有，职工们早晨集中在一起大声诵读社训（公司规章、公司奋斗目标等），确认什么时间在什么地点参加什么活动（主要是指日本地方上的一些传统活动）、上司向大家介绍新参加工作的或新调来的职工的情况等。总之，朝礼活动形式多样、丰富多彩。

f. Morning roll call and pep talk.
Some companies don't do this, while others have one every morning, once a week, or once a month. Employees read the company motto in unison, listen to company news, or are introduced to new employees.

ビジネスマナー○×確認問題100

最後に、ビジネスマナーがきちんと身に付いたか、○×で確認してみましょう。

1	日本人はシャイなので、顔を見ないであいさつをしたほうがいい	☐
2	廊下で上司とすれ違う時のおじぎの角度は45度	☐
3	朝出社してきた時に上司にあいさつするおじぎの角度は15度	☐
4	退社時間5分前になったら、帰る準備を始める	☐
5	上司が会社に残っている間は、帰ってはいけない	☐
6	クールビズの時はネクタイをしないで会社に行ってもいい	☐
7	男性は、通勤の時は書類が入るビジネスバッグを持って行く	☐
8	カジュアルデーはジャージで会社に行っても構わない	☐
9	夏は暑いので、シャツのボタンは3つあけてもいい	☐
10	女性は、ミニスカートで会社には行かないほうがいい	☐
11	男性は、少しくらい髪の毛に寝癖があっても、気にしなくていい	☐
12	何かと便利なので、小指の爪は伸ばしておく	☐
13	ひげは毎日そらなくてもいい	☐
14	女性のおしゃれは大切なので、派手なネイルでもOK	☐
15	口臭にはなるべく気を付ける	☐
16	香水はあまりたくさん付けない	☐
17	仕事に着ていくシャツは、毎日着替える	☐
18	前から目が見えないほど前髪が長い	☐
19	爪の中が黒くならないように気を付ける	☐
20	鼻毛が出ている	☐
21	お客さまと一緒にエレベーターに乗るときは、操作盤の前に立つ	☐
22	ノックは大きな音で	☐
23	腕組みをして座る	☐
24	脚はそろえて座る	☐
25	テーブルにひじを突いて上司の話を聞く	☐

26	背もたれに寄り掛かって座る	☐
27	電車の中で化粧をする	☐
28	電車の中で脚を開いて座る（女性）	☐
29	食事中、話しながら口を開けて音をさせて食べる	☐
30	相手が話しているときは、適度に「あいづち」を打つ	☐
31	あごを上げて相手を見る	☐
32	にやにやしながら話す	☐
33	呼び掛けられたら「あぁ？」と返事する	☐
34	「はいはいはい」などと連続してあいづちを打つ	☐
35	口をずっと半開きにして相手の話を聞く	☐
36	「そこ」の改まった言い方は「そなた」である	☐
37	「誰」の改まった言い方は「どなた」である	☐
38	「お〜する」という敬語は自分の動作に対して使う	☐
39	「どうですか」の尊敬語は「いかがになりますか」である	☐
40	重要な書類は誰にもわからないように隠しておく	☐
41	ゴミは、会社のルールに従って捨てる	☐
42	社員は、会社の備品を持って帰っていい	☐
43	備品を借りるときは声を掛ける	☐
44	書類はきちんとファイリングしておく	☐
45	電車の中では、携帯電話の着信音はオフにしておく	☐
46	携帯電話で話すとき、相手の声が聞こえないので、大声を出す	☐
47	携帯メールをしながら車を運転する	☐
48	社内での私用電話は、自分の携帯を使うなら、してもいい	☐
49	携帯電話の着信音は、電話にすぐ気付くように、大きな音にしておく	☐
50	携帯メールはこまめにチェックする	☐

ビジネスマナー○×確認問題100

51	仕事が暇なときは、会社のパソコンでネットショッピングしてもいい	☐
52	遅刻するときは、必ず電話でも連絡する	☐
53	遅刻くらいだったら、上司の携帯にメールを入れればOK	☐
54	仕事でミスをしたときは隠さない	☐
55	自分のミスは認めてはいけない	☐
56	私用外出は絶対に認められない	☐
57	取引先へ行った帰りに、カフェに寄って、帰ってこなくてもいい	☐
58	家では時間がないので、会社でブログの更新などをする	☐
59	会社に遅刻したら、皆の仕事の邪魔にならないように静かに部屋に入る	☐
60	会社を病気で休むときは、急ぎの仕事のことを同僚などに頼んでおく	☐
61	名刺は両手で持つ	☐
62	名刺は左手で相手に渡す	☐
63	名刺は、名前が相手に読める向きで渡す	☐
64	名刺をつまむようにして受け取る	☐
65	名刺入れは尻ポケットに入れておく	☐
66	名刺に書いてある名前が読めないときは、相手に確認する	☐
67	来客を案内するときは、相手の真後ろを歩く	☐
68	ドアを押して開けるときは、お客様に先に部屋に入ってもらう	☐
69	お茶は、上座に座っている人から出す	☐
70	取引先を訪問するときは、コートは受付に行く前に脱いでおく	☐
71	取引先では、携帯電話はマナーモードにしておく	☐
72	出されたお茶は、失礼になるので飲んではいけない	☐
73	食事中、お箸をフォークと同じように食べ物に刺して食べる	☐
74	ご飯茶碗を手で持ち上げて食べてはいけない	☐
75	相手が食べ終わるまで、なるべくタバコは吸わないほうがいい	☐

76	お酒を相手に勧めるときは、「どうぞ」とひと言、声を掛ける	☐
77	お酒を勧めるときは、瓶は右手で持つ	☐
78	お酒を勧められたら、グラスは両手で持つ	☐
79	日本では、「乾杯」の時でも、飲み干さなくていい	☐
80	お酒が弱くても、上司から勧められたら断ってはいけない	☐
81	お酒を飲んだ次の日は、遅刻してもいい	☐
82	タクシーでは、運転席の後ろの座席が上座	☐
83	応接室ではドアに近い席が下座になる	☐
84	エスカレーターに乗るとき、東京では、左に立って右側を空ける	☐
85	電話は3コール以内に出るのが理想	☐
86	電話の近くにはメモを置いておく	☐
87	名前などが聞き取れなくても、失礼になるので聞き返してはいけない	☐
88	伝言メモは、邪魔にならないように机の端のほうに置く	☐
89	メールの用件を参考までに知らせたい人には、CCの宛先で送る	☐
90	上司の指示を聞きに行くときは、メモとペンを持って行くといい	☐
91	上司から注意を受けたときに、すぐに言い訳しないほうがいい	☐
92	報告するときは、まず結論から話す	☐
93	私用外出するときは、特に上司には連絡しなくてもいい	☐
94	会社を欠勤するときは、自分で上司に連絡する	☐
95	直行・直帰するときは、必ず会社に連絡する	☐
96	「ほう・れん・そう」の「そう」は「相談」のことだ	☐
97	上司と食事をしたら、必ず上司が食事代を支払ってくれる	☐
98	同僚とのお金の貸し借りは、仲のいい証拠だ	☐
99	アフターファイブの飲み会などは、絶対に参加しなければならない	☐
100	日本企業のトップの役職名は「社長」だ	☐

解答は次のページにあります。

ビジネスマナー ○×確認問題100

解答

NO.	正解	NO.	正解
1	×	51	×
2	×	52	○
3	○	53	×
4	○	54	○
5	○	55	×
6	○	56	×
7	○	57	×
8	×	58	×
9	×	59	○
10	○	60	○
11	×	61	○
12	×	62	×
13	×	63	○
14	×	64	×
15	○	65	×
16	○	66	○
17	○	67	○
18	○	68	○
19	○	69	○
20	○	70	○
21	○	71	○
22	×	72	×
23	×	73	×
24	○	74	×
25	×	75	○
26	×	76	○
27	×	77	×
28	×	78	○
29	×	79	○
30	○	80	○
31	×	81	×
32	○	82	○
33	○	83	○
34	×	84	○
35	×	85	○
36	×	86	○
37	○	87	×
38	○	88	×
39	×	89	○
40	×	90	○
41	○	91	○
42	○	92	○
43	○	93	○
44	○	94	○
45	○	95	○
46	×	96	○
47	×	97	×
48	×	98	×
49	×	99	×
50	×	100	○

著者紹介

釜渕優子 かまぶちゆうこ

関西学院大学大学院言語コミュニケーション文化研究科博士課程前期課程修了。留学生就活サポート、ビジネス日本語・マナートレーニングの「YUMA Teaching Japanese Firm」代表。元関西学院大学日本語教育センター「ビジネス日本語」担当講師。著書に『しごとの日本語 ビジネスマナー編』(アルク)、『マンガでわかる実用敬語初級編』(アルク)、『日本語会話力トレーニングブック』(アルク・共著) など。

地球人ネットワークを創る
アルクのシンボル「地球人マーク」です。

しごとの日本語 ビジネスマナー編

発行日────2008年10月1日 (初版)
　　　　　　2018年7月20日 (第10刷)
著者────釜渕優子

編集────株式会社アルク出版編集部
編集協力────石 暁宇
英語翻訳────Jenine Heaton、Carolyn J. Heaton
中国語翻訳────吉田 方
表紙デザイン────中村 力
本文デザイン────田松光子
イラスト────秋本麻衣
DTP────株式会社創樹
印刷・製本────図書印刷株式会社

発行者────平本照麿
発行所────株式会社アルク
〒102-0073 東京都千代田区九段北 4-2-6 市ヶ谷ビル
TEL：03-3556-5501　FAX：03-3556-1370
Email：csss@alc.co.jp
Website：https://www.alc.co.jp/

落丁本、乱丁本は弊社にてお取り替えいたしております。アルクお客様センター (電話：03-3556-5501　受付時間：平日9時～17時) までご相談ください。本書の全部または一部の無断転載を禁じます。著作権法上で認められた場合を除いて、本書からのコピーを禁じます。定価はカバーに表示してあります。

ご購入いただいた書籍の最新サポート情報は、以下の「製品サポート」ページでご提供いたします。
製品サポート：https://www.alc.co.jp/usersupport/

©2008 釜渕優子／ALC PRESS INC.
Printed in Japan.
PC：7008141
ISBN：978-4-7574-1467-9